Azjatycka uczta 2023

Odkryj smaki Dalekiego Wschodu

Mei Lin

Streszczenie

Słodko-kwaśny karp 9
Karp z tofu 11
Migdałowe Roladki Rybne 13
Dorsz Z Pędami Bambusa 15
Ryba z kiełkami fasoli 17
Filety rybne w brązowym sosie 19
Chińskie Ciasta Rybne 20
Chrupiąca Smażona Ryba 21
Smażony dorsz 22
Pięć pikantnych ryb 23
Pachnące paluszki rybne 24
Ryba z korniszonami 25
Pikantny Imbirowy Dorsz 26
Dorsz z sosem mandarynkowym 28
Ryba z ananasem 30
Roladki rybne z wieprzowiną 32
Ryba z winem ryżowym 34
Szybka smażona ryba 35
Ryba sezamowa 36
Kulki Rybne Na Parze 37
Marynowana słodko-kwaśna ryba 38
Ryba z sosem octowym 39
Smażony węgorz 41
Suchy Gotowany Węgorz 42
Węgorz Z Selerem 44
Papryki Nadziewane Plamiakiem 45
Plamiak w sosie z czarnej fasoli 46
Ryba w brązowym sosie 47
Pięć pikantnych ryb 48
Plamiak z czosnkiem 49
Pikantna ryba 50
Imbirowy Plamiak z Pak Soi 52

Warkocze plamiaka 54
Roladki Rybne Na Parze 55
Halibut z sosem pomidorowym 57
Żabnica Z Brokułami 58
Cefal z gęstym sosem sojowym 60
Ryby z Zachodniego Jeziora 61
Smażona gładzica 62
Gładzica na parze z grzybami chińskimi 63
Gładzica z czosnkiem 64
Gładzica z sosem ananasowym 65
Łosoś Z Tofu 67
Smażona Marynowana Ryba 68
Pstrąg z marchewką 69
Smażony pstrąg 70
Pstrąg cytrynowy 71
Chiński tuńczyk 73
Marynowane Steki Rybne 75
Krewetki Z Migdałami 76
Krewetki z anyżem 78
Krewetki Ze Szparagami 79
Krewetki Z Bekonem 80
Kulki Krewetkowe 81
Grillowane krewetki 83
Krewetki Z Pędami Bambusa 84
Krewetki z kiełkami fasoli 85
Krewetki z sosem z czarnej fasoli 86
Krewetki Z Selerem 88
Krewetki smażone z kurczakiem 89
Krewetki chilli 90
Kotlet Krewetkowy Suey 91
Krewetka Chow Mein 92
Krewetki Z Cukinią I Liczi 93
Krewetki Z Krabem 95
Krewetki Z Ogórkiem 97
Curry z krewetek 98
Curry z krewetek i grzybów 99

Smażone krewetki... 100
Smażone panierowane krewetki... 101
Krewetkowe Kluski Z Sosem Pomidorowym... 102
Kieliszki do jajek i krewetki... 104
Roladki Z Krewetki... 105
Krewetki z Dalekiego Wschodu... 107
Krewetki Foo Yung... 109
Chipsy Krewetkowe... 110
Krewetki smażone w sosie... 112
Gotowane krewetki z szynką i tofu... 114
Krewetki z sosem liczi... 115
Smażone Krewetki Mandarynki... 117
Krewetki Z Mangetoutem... 118
Krewetki Z Chińskimi Pieczarkami... 120
Smażone krewetki i groszek... 121
Krewetki Z Mango Chutney... 122
Kulki krewetkowe smażone z sosem cebulowym... 124
Krewetki Mandarynkowe Z Groszkiem... 125
krewetki po pekińsku... 126
Krewetki Z Papryką... 127
Krewetki smażone z wieprzowiną... 128
Smażone krewetki z sosem sherry... 130
Smażone Krewetki Sezamowe... 132
Smażone krewetki w skorupkach... 133
Smażone krewetki... 134
Krewetka w tempurze... 135
Pod Gumą... 136
Krewetki Z Tofu... 138
Krewetki Z Pomidorami... 139
Krewetki z sosem pomidorowym... 140
Krewetki z sosem pomidorowym i chilli... 141
Smażone krewetki z sosem pomidorowym... 142
Krewetki Z Warzywami... 144
Krewetki Z Wodnymi Kasztanami... 145
Pierogi z Krewetkami... 146
Abalone z kurczakiem... 147

Abalone ze szparagami 148
Abalone z grzybami 150
Abalone z sosem ostrygowym 150
małże gotowane na parze 152
Małże z kiełkami fasoli 153
Małże Z Imbirem I Czosnkiem 154
Smażone małże 155
Ciasteczka krabowe 156
Krem z Kraba 157
Mięso kraba z chińskimi liśćmi 158
Krab Foo Yung z kiełkami fasoli 159
Krab imbirowy 160
Krab Lo Mein 161
Krab smażony z wieprzowiną 163
Smażone mięso kraba 164
Smażone klopsiki z mątwy 165
Homar po kantońsku 166
Smażony homar 167
Homar na parze z szynką 167
Homar Z Pieczarkami 168
Ogony homara z wieprzowiną 169
Homar smażony na patelni 172
gniazda homarów 173
Małże w sosie z czarnej fasoli 174
Małże z imbirem 175
Małże Na Parze 176
Smażone ostrygi 177
Ostrygi Z Bekonem 178
Smażone ostrygi z imbirem 179
Ostrygi z sosem z czarnej fasoli 180
Przegrzebki z pędami bambusa 181
Przegrzebki z jajek 182
Przegrzebki Z Brokułami 183
Przegrzebki z imbirem 184
Przegrzebki z szynki 185
Jajecznica z przegrzebków z ziołami 186

Przegrzebki i cebula smażone 187
Przegrzebki z warzywami 188
Przegrzebki z papryką 191
Kalmary z kiełkami fasoli 192
Smażona kałamarnica 193
Paczki kalmarów 194
Roladki Smażone Kalmary 196
Smażone kalmary 198
Kalmary Z Suszonymi Pieczarkami 199
Kalmary z warzywami 200
Duszona wołowina z anyżem 201
Wołowina Ze Szparagami 202
Wołowina Z Pędami Bambusa 204
Wołowina z pędami bambusa i grzybami 205
Chińska duszona wołowina 207
Wołowina z kiełkami fasoli 208
Wołowina z brokułami 210
Sezamowa Wołowina Z Brokułami 212
Grillowana wołowina 214

Słodko-kwaśny karp

Dla 4 osób

1 duży karp lub podobna ryba

300 g / 11 uncji / ¼ szklanki mąki kukurydzianej (skrobi kukurydzianej)

250 ml / 8 uncji / 1 szklanka oleju roślinnego

30 ml / 2 łyżki sosu sojowego

5 ml / 1 łyżeczka soli

150 g / 5 uncji / filiżanka czubatego cukru ¬Ω

75 ml / 5 łyżek octu winnego

15 ml / 1 łyżka wina ryżowego lub wytrawnego sherry

3 dymki (szalotka), drobno posiekane

1 plaster korzenia imbiru, drobno posiekany

250 ml / 8 uncji / 1 szklanka wrzącej wody

Oczyść i złuszcz rybę i zanurz ją na kilka godzin w zimnej wodzie. Odsączyć i osuszyć, a następnie naciąć kilka razy z każdej strony. Zarezerwuj 30 ml / 2 łyżki mąki kukurydzianej, a następnie stopniowo mieszaj wystarczającą ilość wody z pozostałą mąką kukurydzianą, aby uzyskać sztywne ciasto. Posmaruj rybę ciastem. Rozgrzej olej, aż będzie bardzo gorący i smaż rybę, aż będzie chrupiąca z zewnątrz, następnie zmniejsz ogień i smaż dalej, aż ryba będzie miękka. W międzyczasie wymieszaj pozostałą mąkę kukurydzianą, sos sojowy, sól, cukier, ocet,

wino lub sherry, dymka i imbir. Gdy ryba będzie gotowa, przełóż ją do ciepłego naczynia do serwowania. Dodać mieszaninę sosu i wodę do oleju i doprowadzić do wrzenia, dobrze mieszając, aż sos zgęstnieje. Polać rybę i od razu podawać.

Karp z tofu

Dla 4 osób

1 karp

60 ml / 4 łyżki oleju arachidowego

225 g pokrojonego w kostkę tofu

2 dymki (szalotka), drobno posiekane

1 ząbek czosnku, drobno posiekany

2 plasterki korzenia imbiru, drobno posiekane

15 ml / 1 łyżka sosu chilli

30 ml / 2 łyżki sosu sojowego

500 ml / 16 uncji / 2 szklanki bulionu

30ml / 2 łyżki wina ryżowego lub wytrawnego sherry

15 ml / 1 łyżka mąki kukurydzianej (skrobi kukurydzianej)

30 ml / 2 łyżki wody

Wytnij, wyskaluj i oczyść rybę i natnij 3 linie po przekątnej z każdej strony. Rozgrzej olej i delikatnie smaż tofu na złoty kolor. Zdjąć z patelni i dobrze odsączyć. Dodaj rybę na patelnię i smaż na złoty kolor, a następnie zdejmij z patelni. Wlej wszystko oprócz 15 ml/1 łyżkę oleju, a następnie smaż dymkę, czosnek i imbir przez 30 sekund. Dodaj sos chili, sos sojowy, bulion i wino i zagotuj. Ostrożnie dodaj rybę do patelni tofu i dusić bez przykrycia około 10 minut, aż ryba się ugotuje, a sos zredukuje. Przełóż rybę na ciepły półmisek i polej tofu. Mąkę kukurydzianą i wodę zmiksować na pastę, wmieszać do sosu i gotować mieszając, aż sos lekko zgęstnieje. Łyżką połóż rybę i natychmiast podawaj.

Migdałowe Roladki Rybne

Dla 4 osób

100 g / 4 oz / 1 szklanka migdałów

450 g filetów z dorsza

4 plastry wędzonej szynki

1 dymka (szalotka), posiekana

1 plasterek korzenia imbiru, posiekany

5 ml / 1 łyżeczka mąki kukurydzianej (skrobi kukurydzianej)

5 ml / 1 łyżeczka cukru

2,5 ml / ½ łyżeczki soli

15 ml / 1 łyżka sosu sojowego

15 ml / 1 łyżka wina ryżowego lub wytrawnego sherry

1 jajko, lekko ubite

olej do smażenia

1 cytryna, pokrojona w kliny

Migdały blanszować we wrzącej wodzie przez 5 minut, następnie odsączyć i posiekać. Rybę pokroić w kwadraty o boku 9 cm, a szynkę w kwadraty o boku 5 cm. Wymieszać dymkę, imbir, mąkę kukurydzianą, cukier, sól, sos sojowy, wino lub sherry i jajko. Zanurz rybę w mieszance, a następnie umieść ją na powierzchni roboczej. Wierzch posypać migdałami i ułożyć plaster szynki. Zwiń rybę i zawiąż

z kucharzem „Rozgrzej olej i smaż roladki rybne przez kilka minut na złoty kolor. Odsączyć na chłonnym papierze i podawać z cytryną.

Dorsz Z Pędami Bambusa

Dla 4 osób

4 suszone grzyby chińskie
900 g filetów z dorsza, pokrojonych w kostkę
30 ml / 2 łyżki mąki kukurydzianej (skrobia kukurydziana)
olej do smażenia
30 ml / 2 łyżki oleju arachidowego
1 dymka (szalotka), pokrojona w plasterki
1 plasterek korzenia imbiru, posiekany
sól
100 g pędów bambusa, pokrojonych w plasterki
120 ml / 4 fl oz / ¬Ω szklanki bulionu rybnego
15 ml / 1 łyżka sosu sojowego
45 ml / 3 łyżki wody

Grzyby moczymy przez 30 minut w ciepłej wodzie, następnie odcedzamy. Usuń łodygi i pokrój kapelusze. Posyp rybę połową

Mąka kukurydziana. Rozgrzej olej i smaż rybę na złoty kolor. Odsącz na chłonnym papierze i trzymaj w cieple.

W międzyczasie rozgrzej olej i podsmaż dymkę, imbir i sól, aż się lekko zrumienią. Dodać pędy bambusa i smażyć mieszając przez 3 minuty. Dodaj bulion i sos sojowy, zagotuj i gotuj na wolnym ogniu przez 3 minuty. Zmieszaj pozostałą mąkę kukurydzianą z wodą na pastę, wlej do garnka i gotuj, mieszając, aż sos zgęstnieje. Polać rybę i od razu podawać.

Ryba z kiełkami fasoli

Dla 4 osób

450 g / 1 funt kiełków fasoli
45 ml / 3 łyżki oleju arachidowego
5 ml / 1 łyżeczka soli
3 plastry korzenia imbiru, posiekane
450 g filetów rybnych, pokrojonych w plastry
4 dymki (szalotka), pokrojone w plasterki
15 ml / 1 łyżka sosu sojowego
60 ml / 4 łyżki bulionu rybnego
10 ml / 2 łyżeczki mąki kukurydzianej (skrobi kukurydzianej)
15 ml / 1 łyżka wody

Blanszuj kiełki fasoli we wrzącej wodzie przez 4 minuty, a następnie dobrze odsącz. Rozgrzej połowę oleju i smaż sól i imbir przez 1 minutę. Dodaj rybę i smaż, aż lekko się zarumieni, a następnie zdejmij z patelni. Rozgrzej pozostały olej i smaż cebulę przez 1 minutę. Dodaj sos sojowy i bulion i zagotuj. Umieść rybę z powrotem na patelni, przykryj i gotuj na wolnym ogniu przez 2 minuty, aż ryba się ugotuje. Wymieszaj mąkę kukurydzianą i wodę na pastę, wymieszaj na patelni i gotuj na wolnym ogniu, mieszając, aż sos stanie się klarowny i zgęstnieje.

Filety rybne w brązowym sosie

Dla 4 osób

450 g filetów z dorsza, pokrojonych w grube plastry
30ml / 2 łyżki wina ryżowego lub wytrawnego sherry
30 ml / 2 łyżki sosu sojowego
3 dymki (szalotka), drobno posiekane
1 plaster korzenia imbiru, drobno posiekany
5 ml / 1 łyżeczka soli
5 ml / 1 łyżeczka oleju sezamowego
30 ml / 2 łyżki mąki kukurydzianej (skrobia kukurydziana)
3 ubite jajka
90 ml / 6 łyżek oleju arachidowego
90 ml / 6 łyżek bulionu rybnego

Włóż filety rybne do miski. Wymieszaj wino lub sherry, sos sojowy, dymkę, imbir, sól i olej sezamowy, polej rybę, przykryj i marynuj przez 30 minut. Wyjmij rybę z marynaty i dopraw ją mąką kukurydzianą, a następnie zanurz w ubitym jajku. Rozgrzej olej i smaż rybę na złoty kolor z zewnątrz. Wlać olej i wymieszać z bulionem i pozostałą marynatą. Doprowadzić do wrzenia i gotować na wolnym ogniu przez około 5 minut, aż ryba będzie miękka.

Chińskie Ciasta Rybne

Dla 4 osób

450 g siekanego (mielonego) dorsza
2 dymki (szalotka), drobno posiekane
1 ząbek czosnku, rozgnieciony
5 ml / 1 łyżeczka soli
5 ml / 1 łyżeczka cukru
5 ml / 1 łyżeczka sosu sojowego
45 ml / 3 łyżki oleju roślinnego
15 ml / 1 łyżka mąki kukurydzianej (skrobi kukurydzianej)

Wymieszaj z dorszem, dymką, czosnkiem, solą, cukrem, sosem sojowym i 10 ml/2 łyżeczki oleju. Dobrze zagnieść, od czasu do czasu posypując odrobiną mąki kukurydzianej, aż ciasto będzie miękkie i elastyczne. Uformować 4 placki rybne. Rozgrzej olej i smaż placki rybne przez około 10 minut na złoty kolor, dociskając je podczas smażenia. Podawać na ciepło lub na zimno.

Chrupiąca Smażona Ryba

Dla 4 osób

450 g filetów rybnych, pokrojonych w paski
30ml / 2 łyżki wina ryżowego lub wytrawnego sherry
sól i świeżo zmielony pieprz
45 ml / 3 łyżki mąki kukurydzianej (skrobia kukurydziana)
1 białko jajka, lekko ubite
olej do smażenia

Umieść rybę w winie lub sherry i dopraw solą i pieprzem. Lekko posypać mąką kukurydzianą. Ubij pozostałą mąkę kukurydzianą z białkami na sztywną pianę, a następnie zanurz rybę w cieście. Rozgrzać olej i smażyć paski ryby przez kilka minut na złoty kolor.

Smażony dorsz

Dla 4 osób

900 g filetów z dorsza, pokrojonych w kostkę

sól i świeżo zmielony pieprz

2 ubite jajka

100 g / 4 uncje / 1 szklanka mąki pszennej (uniwersalnej)

olej do smażenia

1 cytryna, pokrojona w kliny

Dopraw dorsza solą i pieprzem. Jajka i mąkę ubić na puszystą masę i doprawić solą. Zanurz rybę w cieście. Rozgrzej olej i smaż rybę przez kilka minut, aż będzie złocista i usmażona. Odsączyć na chłonnym papierze i podawać z kawałkami cytryny.

Pięć pikantnych ryb

Dla 4 osób

4 filety z dorsza
5 ml / 1 łyżeczka proszku pięciu przypraw
5 ml / 1 łyżeczka soli
30 ml / 2 łyżki oleju arachidowego
2 ząbki czosnku, zmiażdżone
2,5 ml/1 w korzeniu imbiru, mielonym
30ml / 2 łyżki wina ryżowego lub wytrawnego sherry
15 ml / 1 łyżka sosu sojowego
kilka kropli oleju sezamowego

Natrzyj rybę proszkiem pięciu przypraw i solą. Rozgrzewamy olej i smażymy rybę z obu stron do lekkiego zarumienienia. Zdjąć z patelni i dodać pozostałe składniki. Podgrzej, mieszając, a następnie umieść rybę z powrotem na patelni i delikatnie podgrzej przed podaniem.

Pachnące paluszki rybne

Dla 4 osób

30ml / 2 łyżki wina ryżowego lub wytrawnego sherry
1 dymka (szalotka), drobno posiekana
2 ubite jajka
10 ml / 2 łyżeczki curry w proszku
5 ml / 1 łyżeczka soli
450 g filetów z białej ryby, pokrojonych w paski
100 g bułki tartej
olej do smażenia

Wymieszaj wino lub sherry, dymkę, jajka, curry w proszku i sól. Zanurz rybę w mieszance, aby kawałki były równomiernie pokryte, a następnie wciśnij je w bułkę tartą. Rozgrzej olej i smaż rybę przez kilka minut, aż będzie chrupiąca i złocista. Dobrze odcedź i natychmiast podawaj.

Ryba z korniszonami

Dla 4 osób

4 filety z białej ryby
75 g małych korniszonów
2 małe cebule (szalotka)
2 plastry korzenia imbiru
30 ml / 2 łyżki wody
5 ml / 1 łyżeczka oleju arachidowego
2,5 ml / ¬Ω łyżeczki soli
2,5 ml / ¬Ω łyżeczki wina ryżowego lub wytrawnego sherry

Rybę ułożyć na żaroodpornym talerzu i posypać pozostałymi składnikami. Umieścić na ruszcie w naczyniu do gotowania na parze, przykryć i gotować na parze około 15 minut nad wrzącą wodą, aż ryba będzie miękka. Przełóż na ciepły talerz, wyrzuć imbir i dymkę i podawaj.

Pikantny Imbirowy Dorsz

Dla 4 osób

225 g przecieru pomidorowego √ © e (makaron)
30ml / 2 łyżki wina ryżowego lub wytrawnego sherry
15 ml / 1 łyżka startego korzenia imbiru
15 ml / 1 łyżka sosu chilli
15 ml / 1 łyżka wody
15 ml / 1 łyżka sosu sojowego
10 ml / 2 łyżeczki cukru
3 ząbki czosnku, zmiażdżone
100 g / 4 uncje / 1 szklanka mąki pszennej (uniwersalnej)
75 ml / 5 łyżek mąki kukurydzianej (skrobia kukurydziana)
175 ml / 6 fl oz / ¬œ szklanki wody
1 białko jajka
2,5 ml / ¬Ω łyżeczki soli
olej do smażenia
450 g filetów z dorsza, obranych i pokrojonych w kostkę

Aby przygotować sos, wymieszaj przecier pomidorowy, wino lub sherry, imbir, sos chili, wodę, sos sojowy, cukier i czosnek. Doprowadzić do wrzenia, a następnie gotować na wolnym ogniu, mieszając, przez 4 minuty.

Wymieszaj mąkę, skrobię kukurydzianą, wodę, białko jaja i sól, aż będą gładkie. Podgrzej olej. Zanurz kawałki ryby w cieście i smaż przez około 5 minut, aż będą ugotowane i złocistobrązowe. Osączyć na chłonnym papierze. Spuść cały olej i umieść rybę z sosem z powrotem na patelni. Podgrzewaj delikatnie przez około 3 minuty, aż ryba całkowicie pokryje się sosem.

Dorsz z sosem mandarynkowym

Dla 4 osób

675 g filetów z dorsza, pokrojonych w paski
30 ml / 2 łyżki mąki kukurydzianej (skrobia kukurydziana)
60 ml / 4 łyżki oleju arachidowego
1 dymka (szalotka), posiekana
2 ząbki czosnku, zmiażdżone
1 plasterek korzenia imbiru, posiekany
100 g pieczarek pokrojonych w plasterki
50 g pędów bambusa, pokrojonych w paski
120 ml / 4 fl oz / ¬Ω filiżanka sosu sojowego
30ml / 2 łyżki wina ryżowego lub wytrawnego sherry
15 ml / 1 łyżka brązowego cukru
5 ml / 1 łyżeczka soli
250 ml / 8 uncji / 1 szklanka bulionu z kurczaka

Zanurz rybę w mące kukurydzianej, aż będzie lekko pokryta. Rozgrzej olej i smaż rybę z obu stron na złoty kolor. Zdejmij go z patelni. Dodać dymkę, czosnek i imbir i smażyć mieszając, aż się lekko zrumienią. Dodać grzyby i pędy bambusa i smażyć mieszając przez 2 minuty. Dodaj pozostałe składniki i zagotuj zagotować, mieszając. Umieść rybę z powrotem na patelni, przykryj i gotuj na wolnym ogniu przez 20 minut.

Ryba z ananasem

Dla 4 osób

450 g filetów rybnych
2 dymki (szalotka), posiekane
30 ml / 2 łyżki sosu sojowego
15 ml / 1 łyżka wina ryżowego lub wytrawnego sherry
2,5 ml / ½ łyżeczki soli
2 jajka, lekko ubite
15 ml / 1 łyżka mąki kukurydzianej (skrobi kukurydzianej)
45 ml / 3 łyżki oleju arachidowego
225 g kawałków ananasa z puszki w soku

Pokrój rybę w paski 2,5 cm / 1 w poprzek włókien i umieść w misce. Dodać dymkę, sos sojowy, wino lub sherry i sól, dobrze wymieszać i odstawić na 30 minut. Odcedź rybę, odrzucając marynatę. Ubij jajka i mąkę kukurydzianą w ciasto i zanurz rybę w cieście, aby się pokryło, odsącz nadmiar. Rozgrzewamy olej i smażymy rybę z obu stron do lekkiego zarumienienia. Zmniejszyć ogień i dalej gotować do miękkości. W międzyczasie wymieszaj 60 ml / 4 łyżki soku ananasowego z pozostałym ciastem i kawałkami ananasa. Umieścić na patelni na małym ogniu i gotować, aż się rozgrzeje, ciągle mieszając. Uporządkuj plik

ugotuj rybę na rozgrzanym półmisku i polej sosem przed podaniem.

Roladki rybne z wieprzowiną

Dla 4 osób

450 g filetów rybnych

100 g gotowanej wieprzowiny, mielonej (mielonej)

30ml / 2 łyżki wina ryżowego lub wytrawnego sherry

15 ml / 1 łyżka cukru

olej do smażenia

120 ml / 4 fl oz / ¬Ω szklanki bulionu rybnego

3 dymki (szalotka), posiekane

1 plasterek korzenia imbiru, posiekany

15 ml / 1 łyżka sosu sojowego

15 ml / 1 łyżka mąki kukurydzianej (skrobi kukurydzianej)

45 ml / 3 łyżki wody

Pokrój rybę w kwadraty 9 cm / 3-Ω. Mięso wieprzowe wymieszać z winem lub sherry i połową cukru, rozsmarować na kwadratach rybnych, zwinąć i spiąć sznurkiem. Rozgrzej olej i smaż rybę na złoty kolor. Osączyć na chłonnym papierze. W międzyczasie podgrzej bulion i dodaj dymkę, imbir, sos sojowy i pozostały cukier. Doprowadzić do wrzenia i gotować na wolnym ogniu przez 4 minuty. Zmieszaj mąkę kukurydzianą i wodę na pastę, wymieszaj na patelni i gotuj na wolnym ogniu, mieszając, aż sos stanie się klarowny i zgęstnieje. Polać rybę i od razu podawać.

Ryba z winem ryżowym

Dla 4 osób

400 ml / 14 fl oz / 1 ć szklanki wina ryżowego lub wytrawnego sherry
120 ml / 4 fl oz / ½ szklanki wody
30 ml / 2 łyżki sosu sojowego
5 ml / 1 łyżeczka cukru
sól i świeżo zmielony pieprz
10 ml / 2 łyżeczki mąki kukurydzianej (skrobi kukurydzianej)
15 ml / 1 łyżka wody
450 g filetów z dorsza
5 ml / 1 łyżeczka oleju sezamowego
2 dymki (szalotka), posiekane

Doprowadzić wino, wodę, sos sojowy, cukier, sól i pieprz do wrzenia i gotować, aż zredukuje się o połowę. Wymieszaj mąkę kukurydzianą z wodą na pastę, wlej do rondla i gotuj na wolnym ogniu, mieszając, przez 2 minuty. Rybę posolić i skropić olejem sezamowym. Dodaj na patelnię i gotuj na wolnym ogniu przez około 8 minut, aż się ugotuje. Podawać posypane dymką.

Szybka smażona ryba

Dla 4 osób

450 g filetów z dorsza, pokrojonych w paski

sól

sos sojowy

olej do smażenia

Rybę posyp solą i sosem sojowym i odstaw na 10 minut. Rozgrzej olej i smaż rybę przez kilka minut, aż się lekko zrumieni. Odsączyć na chłonnym papierze i posypać obficie sosem sojowym przed podaniem.

Ryba sezamowa

Dla 4 osób

450 g filetów rybnych, pokrojonych w paski

1 cebula, posiekana

2 plasterki korzenia imbiru, posiekane

120 ml / 4 fl oz / ½ szklanki wina ryżowego lub wytrawnego sherry

10 ml / 2 łyżeczki brązowego cukru

2,5 ml / ½ łyżeczki soli

1 jajko, lekko ubite

15 ml / 1 łyżka mąki kukurydzianej (skrobi kukurydzianej)

45 ml / 3 łyżki mąki pszennej (uniwersalnej)

60 ml / 6 łyżek sezamu

olej do smażenia

Włóż rybę do miski. Wymieszaj cebulę, imbir, wino lub sherry, cukier i sól, dodaj do ryby i pozostaw do marynowania na 30 minut, od czasu do czasu obracając. Ubij jajko, mąkę kukurydzianą i mąkę, aby uzyskać ciasto. Zanurz rybę w cieście, a następnie włóż do sezamu. Rozgrzać olej i smażyć paski ryby przez około 1 minutę, aż będą złociste i chrupiące.

Kulki Rybne Na Parze

Dla 4 osób

450 g siekanego (mielonego) dorsza
1 jajko, lekko ubite
1 plasterek korzenia imbiru, posiekany
2,5 ml / ¬Ω łyżeczki soli
szczypta świeżo zmielonego pieprzu
15 ml / 1 łyżka mąki kukurydzianej (skrobia kukurydziana) 15 ml
/ 1 łyżka wina ryżowego lub wytrawnego sherry

Wszystkie składniki dokładnie wymieszać i uformować kulki wielkości orzecha włoskiego. W razie potrzeby oprószyć odrobiną mąki. Ułóż je w niskim naczyniu do pieczenia.

Umieść naczynie na stojaku w naczyniu do gotowania na parze, przykryj i gotuj na parze nad wrzącą wodą na małym ogniu przez około 10 minut, aż się ugotuje.

Marynowana słodko-kwaśna ryba

Dla 4 osób

450 g filetów rybnych, pokrojonych na kawałki
1 cebula, posiekana
3 plastry korzenia imbiru, posiekane
5 ml / 1 łyżeczka sosu sojowego
sól i świeżo zmielony pieprz
30 ml / 2 łyżki mąki kukurydzianej (skrobia kukurydziana)
olej do smażenia
Sos słodko-kwaśny

Włóż rybę do miski. Wymieszać cebulę, imbir, sos sojowy, sól i pieprz, dodać do ryby, przykryć i odstawić na 1 godzinę, od czasu do czasu obracając. Rybę wyjąć z marynaty i posypać mąką kukurydzianą. Rozgrzej olej i smaż rybę, aż będzie chrupiąca i złocista. Odsączamy je na chłonnym papierze i układamy na gorącym talerzu. W międzyczasie przygotuj sos i polej nim rybę przed podaniem.

Ryba z sosem octowym

Dla 4 osób

450 g filetów rybnych, pokrojonych w paski
sól i świeżo zmielony pieprz
1 białko jajka, lekko ubite
45 ml / 3 łyżki mąki kukurydzianej (skrobia kukurydziana)
15 ml / 1 łyżka wina ryżowego lub wytrawnego sherry
olej do smażenia
250 ml / 8 uncji / 1 szklanka bulionu rybnego
15 ml / 1 łyżka brązowego cukru
15 ml / 1 łyżka octu winnego
2 plasterki korzenia imbiru, posiekane
2 dymki (szalotka), posiekane

Rybę doprawiamy odrobiną soli i pieprzu. Ubij białko z 30 ml/2 łyżkami mąki kukurydzianej i winem lub sherry. Wrzuć rybę do ciasta, aż się pokryje. Rozgrzej olej i smaż rybę przez kilka minut na złoty kolor. Osączyć na chłonnym papierze.

W międzyczasie zagotować bulion, cukier i ocet winny. Dodaj imbir i dymkę i gotuj na wolnym ogniu przez 3 minuty. Zmiksuj pozostałą mąkę kukurydzianą na pastę z odrobiną wody, wymieszaj

Przełożyć na patelnię i dusić, mieszając, aż sos się wyklaruje i zgęstnieje. Polać rybę przed podaniem.

Smażony węgorz

Dla 4 osób

450 g / 1 funt węgorza
250 ml / 8 uncji / 1 szklanka oleju arachidowego
30 ml / 2 łyżki ciemnego sosu sojowego
30ml / 2 łyżki wina ryżowego lub wytrawnego sherry
15 ml / 1 łyżka brązowego cukru
szczypta oleju sezamowego

Obierz węgorza i pokrój go na kawałki. Rozgrzej olej i smaż węgorza na złoty kolor. Zdjąć z patelni i odsączyć. Wlać wszystko oprócz 30ml/2 łyżki oleju. Rozgrzej olej i dodaj sos sojowy, wino lub sherry i cukier. Podgrzej, a następnie dodaj węgorza i smaż, mieszając, aż węgorz będzie dobrze pokryty i prawie cały płyn odparuje. Skrop olejem sezamowym i podawaj.

Suchy Gotowany Węgorz

Dla 4 osób
5 suszonych grzybów chińskich
3 małe cebule (szalotka)
30 ml / 2 łyżki oleju arachidowego
20 ząbków czosnku
6 plasterków korzenia imbiru
10 kasztanów wodnych
900 g / 2 funty węgorza
30 ml / 2 łyżki sosu sojowego
15 ml / 1 łyżka brązowego cukru
15 ml / 1 łyżka wina ryżowego lub wytrawnego sherry
450 ml / ¬œ pt / 2 szklanki wody
15 ml / 1 łyżka mąki kukurydzianej (skrobi kukurydzianej)
45 ml / 3 łyżki wody
5 ml / 1 łyżeczka oleju sezamowego

Grzyby namoczyć w ciepłej wodzie przez 30 minut, następnie odcedzić i odrzucić łodygi. Pokrój 1 dymkę na kawałki, a drugą posiekaj. Rozgrzej olej i smaż przez 30 sekund pieczarki, kawałki dymki, czosnek, imbir i kasztany. Dodać węgorze i smażyć mieszając przez 1 minutę. Dodaj sos sojowy, cukier, wino lub

Sherry i wodę, doprowadzić do wrzenia, przykryć i gotować na wolnym ogniu przez 1,5 godziny, w razie potrzeby dodając trochę wody podczas gotowania. Mąkę kukurydzianą i wodę zmiksować na pastę, wymieszać na patelni i gotować na wolnym ogniu, mieszając, aż sos zgęstnieje. Podawać posypane olejem sezamowym i posiekaną dymką.

Węgorz Z Selerem

Dla 4 osób

350 g węgorza

6 łodyg selera

30 ml / 2 łyżki oleju arachidowego

2 dymki (szalotka), posiekane

1 plasterek korzenia imbiru, posiekany

30 ml / 2 łyżki wody

5 ml / 1 łyżeczka cukru

5 ml / 1 łyżeczka wina ryżowego lub wytrawnego sherry

5 ml / 1 łyżeczka sosu sojowego

świeżo zmielony pieprz

30 ml / 2 łyżki posiekanej świeżej pietruszki

Obierz i pokrój węgorza w paski. Seler pokroić w paski. Rozgrzej olej i smaż dymkę i imbir przez 30 sekund. Dodać węgorza i smażyć mieszając przez 30 sekund. Dodać seler i smażyć mieszając przez 30 sekund. Dodać połowę wody, cukier, wino lub sherry, sos sojowy i pieprz. Doprowadzić do wrzenia i gotować na wolnym ogniu przez kilka minut, aż seler będzie miękki, ale wciąż chrupiący, a płyn się zredukuje. Podawać posypane natką pietruszki.

Papryki Nadziewane Plamiakiem

Dla 4 osób

225 g filetów z plamiaka, posiekanych (mielonych)
100 g obranych krewetek, posiekanych (mielonych)
1 dymka (szalotka), posiekana
2,5 ml / ½ łyżeczki soli

Pieprz

4 zielone papryki
45 ml / 3 łyżki oleju arachidowego
120 ml / 4 fl oz / ½ szklanki bulionu z kurczaka
10 ml / 2 łyżeczki mąki kukurydzianej (skrobi kukurydzianej)
5 ml / 1 łyżeczka sosu sojowego

Wymieszaj z plamiakiem, krewetkami, dymką, solą i pieprzem. Odetnij łodygę od papryki i wyciągnij środek. Faszeruj papryki mieszanką owoców morza. Rozgrzej olej i dodaj paprykę i bulion. Doprowadzić do wrzenia, przykryć i gotować na wolnym ogniu przez 15 minut. Papryki przełożyć do ciepłego naczynia do serwowania. Wymieszaj mąkę kukurydzianą, sos sojowy i trochę wody i zamieszaj na patelni. Doprowadzić do wrzenia i gotować na wolnym ogniu, mieszając, aż sos stanie się klarowny i zgęstnieje.

Plamiak w sosie z czarnej fasoli

Dla 4 osób

15 ml / 1 łyżka oleju arachidowego
2 ząbki czosnku, zmiażdżone
1 plasterek korzenia imbiru, posiekany
15 ml / 1 łyżka sosu z czarnej fasoli
2 cebule, pokrojone w ósemki
1 łodyga selera pokrojona w plasterki
450g filetów z dorsza
15 ml / 1 łyżka sosu sojowego
15 ml / 1 łyżka wina ryżowego lub wytrawnego sherry
250 ml / 8 uncji / 1 szklanka bulionu z kurczaka

Rozgrzej olej i podsmaż czosnek, imbir i sos z czarnej fasoli, aż się lekko zrumienią. Dodać cebulę i seler i smażyć mieszając przez 2 minuty. Dodaj plamiaka i smaż przez około 4 minuty z każdej strony lub do momentu, aż ryba będzie ugotowana. Dodaj sos sojowy, wino lub sherry i bulion z kurczaka, zagotuj, przykryj i gotuj przez 3 minuty.

Ryba w brązowym sosie

Dla 4 osób

4 plamiaki lub podobne ryby
45 ml / 3 łyżki oleju arachidowego
2 dymki (szalotka), posiekane
2 plasterki posiekanego korzenia imbiru
5 ml / 1 łyżeczka sosu sojowego
2,5 ml / ½ łyżeczki octu winnego
2,5 ml / ½ łyżeczki wina ryżowego lub wytrawnego sherry
2,5 ml / ½ łyżeczki cukru
świeżo zmielony pieprz
2,5 ml / ½ łyżeczki oleju sezamowego

Oczyść rybę i pokrój ją na duże kawałki. Rozgrzej olej i smaż dymkę i imbir przez 30 sekund. Dodać rybę i smażyć do lekkiego zarumienienia z obu stron. Dodaj sos sojowy, ocet winny, wino lub sherry, cukier i pieprz i gotuj na wolnym ogniu przez 5 minut, aż sos zgęstnieje. Podawać posypane olejem sezamowym.

Pięć pikantnych ryb

Dla 4 osób

450g filetów z dorsza

5 ml / 1 łyżeczka proszku pięciu przypraw

5 ml / 1 łyżeczka soli

30 ml / 2 łyżki oleju arachidowego

2 ząbki czosnku, zmiażdżone

2 plasterki korzenia imbiru, posiekane

30ml / 2 łyżki wina ryżowego lub wytrawnego sherry

15 ml / 1 łyżka sosu sojowego

10 ml / 2 łyżeczki oleju sezamowego

Natrzyj filety z plamiaka proszkiem pięciu przypraw i solą. Rozgrzej olej i smaż rybę do lekkiego zrumienienia z obu stron, a następnie zdejmij ją z patelni. Dodaj czosnek, imbir, wino lub sherry, sos sojowy i olej sezamowy i smaż przez 1 minutę. Przełóż rybę z powrotem na patelnię i gotuj, aż ryba będzie miękka.

Plamiak z czosnkiem

Dla 4 osób

450g filetów z dorsza
5 ml / 1 łyżeczka soli
30 ml / 2 łyżki mąki kukurydzianej (skrobia kukurydziana)
60 ml / 4 łyżki oleju arachidowego
6 ząbków czosnku
2 plasterki korzenia imbiru, zmiażdżone
45 ml / 3 łyżki wody
30 ml / 2 łyżki sosu sojowego
15 ml / 1 łyżka sosu z żółtej fasoli
15 ml / 1 łyżka wina ryżowego lub wytrawnego sherry
15 ml / 1 łyżka brązowego cukru

Posyp plamiaka solą i posyp mąką kukurydzianą. Rozgrzej olej i smaż rybę na złoty kolor z obu stron, a następnie zdejmij ją z patelni. Dodaj czosnek i imbir i smaż przez 1 minutę. Dodaj pozostałe składniki, zagotuj, przykryj i gotuj na wolnym ogniu przez 5 minut. Rybę przełożyć z powrotem na patelnię, przykryć i dusić do miękkości.

Pikantna ryba

Dla 4 osób

450 g filetów z plamiaka, pokrojonych w kostkę

sok z 1 cytryny

30 ml / 2 łyżki sosu sojowego

30 ml / 2 łyżki sosu ostrygowego

15 ml / 1 łyżka startej skórki z cytryny

szczypta mielonego imbiru

sól i pieprz

2 białka jaj

45 ml / 3 łyżki mąki kukurydzianej (skrobia kukurydziana)

6 suszonych grzybów chińskich

olej do smażenia

5 dymek (szalotki), pokrojonych w paski

1 łodyga selera pokrojona w paski

100 g pędów bambusa, pokrojonych w paski

250 ml / 8 uncji / 1 szklanka bulionu z kurczaka

5 ml / 1 łyżeczka proszku pięciu przypraw

Rybę przełożyć do miski i skropić sokiem z cytryny. Wymieszaj sos sojowy, sos ostrygowy, skórkę z cytryny, imbir, sól, pieprz, białka jaj i wszystko oprócz 5 ml/1 łyżeczkę mąki kukurydzianej. Początek

marynować przez 2 godziny, od czasu do czasu mieszając. Grzyby moczymy przez 30 minut w ciepłej wodzie, następnie odcedzamy. Usuń łodygi i pokrój kapelusze. Rozgrzej olej i smaż rybę przez kilka minut na złoty kolor. Zdjąć z patelni. Dodaj warzywa i smaż, aż będą miękkie, ale nadal chrupiące. Wlać olej. Wymieszaj bulion z kurczaka z pozostałą mąką kukurydzianą, dodaj do warzyw i zagotuj. Umieść rybę z powrotem na patelni, dopraw przyprawą w proszku i podgrzej przed podaniem.

Imbirowy Plamiak z Pak Soi

Dla 4 osób

450 g filetu z plamiaka
sól i pieprz
225 g / 8 uncji pak soi
30 ml / 2 łyżki oleju arachidowego
1 plasterek korzenia imbiru, posiekany
1 cebula, posiekana
2 suszone czerwone chilli
5 ml / 1 łyżeczka miodu
10 ml / 2 łyżeczki ketchupu (ketchup)
10 ml / 2 łyżeczki octu słodowego
30 ml / 2 łyżki wytrawnego białego wina
10 ml / 2 łyżeczki sosu sojowego
10 ml / 2 łyżeczki sosu rybnego
10 ml / 2 łyżeczki sosu ostrygowego
5 ml / 1 łyżeczka pasty krewetkowej

Obierz plamiaka, a następnie pokrój go na 2 cm kawałki. Posypać solą i pieprzem. Pokrój kapustę na małe kawałki. Rozgrzej olej i smaż imbir i cebulę przez 1 minutę. Dodaj kapustę i czerwoną paprykę i smaż przez 30 sekund. Dodaj miód, pomidor

ketchup, ocet i wino. Dodaj plamiaka i gotuj na wolnym ogniu przez 2 minuty. Wmieszaj sos sojowy, sos rybny i ostrygowy oraz pastę z krewetek i gotuj na wolnym ogniu, aż plamiak się ugotuje.

Warkocze plamiaka

Dla 4 osób

450 g filetów z plamiaka, bez skóry

sól

5 ml / 1 łyżeczka proszku pięciu przypraw

sok z 2 cytryn

5 ml / 1 łyżeczka anyżu, zmielonego

5 ml / 1 łyżeczka świeżo zmielonego pieprzu

30 ml / 2 łyżki sosu sojowego

30 ml / 2 łyżki sosu ostrygowego

15 ml / 1 łyżka miodu

60 ml / 4 łyżki posiekanego szczypiorku

8—10 liści szpinaku

45 ml / 3 łyżki octu winnego

Rybę pokroić w długie cienkie paski i uformować warkocze, posypać solą, proszkiem pięciu przypraw i sokiem z cytryny i przełożyć do miski. Wymieszaj anyż, pieprz, sos sojowy, sos ostrygowy, miód i szczypiorek, polej rybę i pozostaw do zamarynowania na co najmniej 30 minut. Koszyk do gotowania na parze wyłóż liśćmi szpinaku, ułóż warkocze na wierzchu, przykryj i gotuj na parze nad wrzącą wodą z octem przez około 25 minut.

Roladki Rybne Na Parze

Dla 4 osób

450 g filetów z plamiaka, obranych i pokrojonych w kostkę

sok z 1 cytryny

30 ml / 2 łyżki sosu sojowego

30 ml / 2 łyżki sosu ostrygowego

30 ml / 2 łyżki sosu śliwkowego

5 ml / 1 łyżeczka wina ryżowego lub wytrawnego sherry

sól i pieprz

6 suszonych grzybów chińskich

100 g kiełków fasoli

100 g groszku

50 g / 2 uncje / ¬Ω szklanki orzechów włoskich, posiekanych

1 jajko, ubite

30 ml / 2 łyżki mąki kukurydzianej (skrobia kukurydziana)

225 g boczku bok choy, blanszowanego

Włóż rybę do miski. Wymieszaj sok z cytryny, sos sojowy, ostrygowy i śliwkowy, wino lub sherry oraz sól i pieprz. Zalej rybę i pozostaw do zamarynowania na 30 minut. Dodaj warzywa, orzechy, jajko i mąkę kukurydzianą i dobrze wymieszaj. Połóż 3 chińskie liście jeden na drugim, nałóż trochę mieszanki rybnej

i zrolować. Kontynuuj, aż wszystkie składniki zostaną zużyte. Umieść bułki w koszyku do gotowania na parze, przykryj i gotuj na wolnym ogniu przez 30 minut.

Halibut z sosem pomidorowym

Dla 4 osób

450 g filetów z halibuta

sól

15 ml / 1 łyżka sosu z czarnej fasoli

1 ząbek czosnku, rozgnieciony

2 dymki (szalotka), posiekane

2 plasterki korzenia imbiru, posiekane

15 ml / 1 łyżka wina ryżowego lub wytrawnego sherry

15 ml / 1 łyżka sosu sojowego

200 g pomidorów z puszki, odsączonych

30 ml / 2 łyżki oleju arachidowego

Posyp halibuta obficie solą i odstaw na 1 godzinę. Opłucz sól i osusz. Umieścić rybę w żaroodpornej misce i skropić sosem z czarnej fasoli, czosnkiem, dymką, imbirem, winem lub sherry, sosem sojowym i pomidorami. Umieść miskę na stojaku w naczyniu do gotowania na parze, przykryj i gotuj na parze przez 20 minut nad gotującą się wodą, aż ryba będzie ugotowana. Podgrzej olej, aż prawie zacznie dymić i skrop nim rybę przed podaniem.

Żabnica Z Brokułami

Dla 4 osób

450 g/1 lb ogon żabnicy, pokrojony w kostkę
sól i pieprz
45 ml / 3 łyżki oleju arachidowego
50 g pieczarek pokrojonych w plastry
1 mała marchewka pokrojona w paski
1 ząbek czosnku, rozgnieciony
2 plasterki korzenia imbiru, posiekane
45 ml / 3 łyżki wody
275 g różyczek brokułów
5 ml / 1 łyżeczka cukru
5 ml / 1 łyżeczka mąki kukurydzianej (skrobi kukurydzianej)
45 ml / 3 łyżki wody

Dobrze dopraw żabnicę solą i pieprzem. Rozgrzej 30 ml/2 łyżki oleju i podsmaż żabnicę, pieczarki, marchewkę, czosnek i imbir, aż się lekko zrumienią. Dodać wodę i dalej gotować bez przykrycia na małym ogniu. W międzyczasie zblanszuj brokuły we wrzącej wodzie do miękkości, a następnie dobrze odsącz.

Podgrzej pozostały olej i smaż brokuły z cukrem i szczyptą soli, aż brokuły dobrze pokryją się olejem. Ustaw wokół podgrzanego

talerz. Mąkę kukurydzianą i wodę wymieszać na pastę, dodać do ryby i dusić, mieszając, aż sos zgęstnieje. Polej brokuły i natychmiast podawaj.

Cefal z gęstym sosem sojowym

Dla 4 osób

1 czerwona barwena
olej do smażenia
30 ml / 2 łyżki oleju arachidowego
2 dymki (szalotka), pokrojone w plasterki
2 plasterki korzenia imbiru, posiekane
1 czerwona papryka, posiekana
250 ml / 8 uncji / 1 szklanka bulionu rybnego
15 ml / 1 łyżka gęstego sosu sojowego
15 ml / 1 łyżka świeżo zmielonej białej
Pieprz
15 ml / 1 łyżka wina ryżowego lub wytrawnego sherry

Pokrój rybę i natnij ją po przekątnej z każdej strony. Rozgrzej olej i smaż rybę, aż będzie na wpół ugotowana. Wyjąć z oleju i dobrze osączyć. Rozgrzej olej i smaż dymkę, imbir i chili przez 1 minutę. Dodać pozostałe składniki, dobrze wymieszać i doprowadzić do wrzenia. Dodaj rybę i gotuj bez przykrycia, aż ryba się ugotuje, a płyn prawie wyparuje.

Ryby z Zachodniego Jeziora

Dla 4 osób

1 barwena
30 ml / 2 łyżki oleju arachidowego
4 dymki (szalotka), posiekane
1 czerwona papryka, posiekana
4 plastry korzenia imbiru, posiekane
45 ml / 3 łyżki brązowego cukru
30 ml / 2 łyżki octu z czerwonego wina
30 ml / 2 łyżki wody
30 ml / 2 łyżki sosu sojowego
świeżo zmielony pieprz

Oczyść i przytnij rybę i wykonaj 2 lub 3 ukośne nacięcia z każdej strony. Rozgrzej olej i smaż przez 30 sekund połowę dymki, chilli i imbiru. Dodać rybę i smażyć do lekkiego zarumienienia z obu stron. Dodaj cukier, ocet winny, wodę, sos sojowy i pieprz, zagotuj, przykryj i gotuj na wolnym ogniu przez około 20 minut, aż ryba się ugotuje, a sos zredukuje. Podawać udekorowane pozostałą dymką.

Smażona gładzica

Dla 4 osób

4 filety z gładzicy
sól i świeżo zmielony pieprz
30 ml / 2 łyżki oleju arachidowego
1 plasterek korzenia imbiru, posiekany
1 ząbek czosnku, rozgnieciony
liście sałaty

Gładzicę obficie doprawiamy solą i pieprzem. Rozgrzej olej i smaż imbir i czosnek przez 20 sekund. Dodaj rybę i smaż, aż się ugotuje i zrumieni. Dobrze odcedź i podawaj na sałacie.

Gładzica na parze z grzybami chińskimi

Dla 4 osób

4 suszone grzyby chińskie
450 g filetów z gładzicy, pokrojonych w kostkę
1 ząbek czosnku, rozgnieciony
1 plasterek korzenia imbiru, posiekany
15 ml / 1 łyżka sosu sojowego
15 ml / 1 łyżka wina ryżowego lub wytrawnego sherry
5 ml / 1 łyżeczka brązowego cukru
350 g ugotowanego ryżu długoziarnistego

Grzyby moczymy przez 30 minut w ciepłej wodzie, następnie odcedzamy. Odrzucić łodygi i posiekać kapelusze. Dodać gładzicę, czosnek, imbir, sos sojowy, wino lub sherry i cukier, przykryć i marynować przez 1 godzinę. Włóż ryż do naczynia do gotowania na parze i połóż rybę na wierzchu. Gotuj na parze przez około 30 minut, aż ryba będzie gotowa.

Gładzica z czosnkiem

Dla 4 osób

350 g filetów z gładzicy

sól

45 ml / 3 łyżki mąki kukurydzianej (skrobia kukurydziana)

1 jajko, ubite

60 ml / 4 łyżki oleju arachidowego

3 ząbki czosnku, posiekane

4 dymki (szalotka), posiekane

15 ml / 1 łyżka wina ryżowego lub wytrawnego sherry

5 ml / 1 łyżeczka oleju sezamowego

Gładzicę obrać i pokroić w paski. Posyp solą i pozostaw na 20 minut. Oprósz rybę mąką kukurydzianą i zanurz w jajku. Rozgrzać olej i smażyć paski ryby przez około 4 minuty na złoty kolor. Zdjąć z patelni i odsączyć na ręcznikach papierowych. Wlej wszystko oprócz 5 ml/1 łyżeczkę oleju z patelni i dodaj pozostałe składniki. Doprowadzić do wrzenia, mieszając, a następnie gotować na wolnym ogniu przez 3 minuty. Polać rybę i od razu podawać.

Gładzica z sosem ananasowym

Dla 4 osób

450 g / 1 funt filetów z gładzicy
5 ml / 1 łyżeczka soli
30 ml / 2 łyżki sosu sojowego
200 g kawałków ananasa z puszki
2 ubite jajka
100 g / 4 uncje / ¬Ω szklanki mąki kukurydzianej (skrobi kukurydzianej)
olej do smażenia
30 ml / 2 łyżki wody
5 ml / 1 łyżeczka oleju sezamowego

Gładzicę pokroić w paski i przełożyć do miski. Posyp solą, sosem sojowym i 30 ml/2 łyżki soku ananasowego i odstaw na 10 minut. Ubij jajka z 45 ml / 3 łyżkami mąki kukurydzianej na ciasto i zanurz rybę w cieście. Rozgrzej olej i smaż rybę na złoty kolor. Odsączyć na gotującej się papryce. Pozostały sok ananasowy wlej do małego rondelka. Zmieszaj 30 ml / 2 łyżki mąki kukurydzianej z wodą i zamieszaj na patelni. Doprowadzić do wrzenia i gotować, mieszając, aż zgęstnieje. Dodaj połowę kawałków ananasa i ponownie podgrzej. Tuż przed podaniem wymieszać z olejem sezamowym. Usmażoną rybę ułożyć na podgrzanej porcji

na talerz i udekoruj zarezerwowanym ananasem. Polać gorącym sosem i od razu podawać.

Łosoś Z Tofu

Dla 4 osób

120 ml / 4 fl oz / ¬Ω szklanki oleju arachidowego

450 g tofu pokrojonego w kostkę

2,5 ml / ¬Ω łyżeczki oleju sezamowego

100 g mielonego fileta z łososia

odrobina sosu chilli

250 ml / 8 uncji / 1 szklanka bulionu rybnego

15 ml / 1 łyżka mąki kukurydzianej (skrobi kukurydzianej)

45 ml / 3 łyżki wody

2 dymki (szalotka), posiekane

Rozgrzej olej i smaż tofu, aż się lekko zrumieni. Zdjąć z patelni. Rozgrzej olej i olej sezamowy i smaż sos łososiowo-chili przez 1 minutę. Dodać bulion, doprowadzić do wrzenia, a następnie przełożyć tofu z powrotem na patelnię. Gotować na wolnym ogniu bez przykrycia, aż składniki się ugotują, a płyn się zredukuje. Zmiksuj mąkę kukurydzianą i wodę na pastę. Mieszaj trochę na raz i gotuj, mieszając, aż mieszanina zgęstnieje. Możesz nie potrzebować całej pasty z mąki kukurydzianej, jeśli pozwolisz, aby płyn się zmniejszył. Przełożyć do ciepłego naczynia do serwowania i posypać dymką.

Smażona Marynowana Ryba

Dla 4 osób

450 g szprota lub innej małej ryby, oczyszczonej
3 plastry korzenia imbiru, posiekane
120 ml / 4 fl oz / ¬Ω filiżanka sosu sojowego
15 ml / 1 łyżka wina ryżowego lub wytrawnego sherry
1 goździk anyżu gwiazdkowego
olej do smażenia
15 ml / 1 łyżka oleju sezamowego

Włóż rybę do miski. Wymieszaj imbir, sos sojowy, wino lub sherry i anyż, polej rybę i odstaw na 1 godzinę, obracając od czasu do czasu. Odcedź rybę, odrzucając marynatę. Rozgrzej olej i smaż ryby partiami, aż będą chrupiące i złocistobrązowe. Odsączamy je na chłonnym papierze i podajemy posypane olejem sezamowym.

Pstrąg z marchewką

Dla 4 osób

15 ml / 1 łyżka oleju arachidowego
1 ząbek czosnku, rozgnieciony
1 plasterek korzenia imbiru, posiekany
4 pstrągi
2 marchewki, pokrojone w paski
25 g pędów bambusa, pokrojonych w paski
25 g kasztanów wodnych, pokrojonych w paski
15 ml / 1 łyżka sosu sojowego
15 ml / 1 łyżka wina ryżowego lub wytrawnego sherry

Rozgrzej olej i smaż czosnek i imbir, aż się lekko zrumienią. Dodaj rybę, przykryj i smaż, aż ryba będzie nieprzezroczysta. Dodać marchew, pędy bambusa, kasztany, sos sojowy i wino lub sherry, dokładnie wymieszać, przykryć i dusić około 5 minut.

Smażony pstrąg

Dla 4 osób

4 pstrągi, oczyszczone i oczyszczone

2 ubite jajka

50 g / 2 uncje / ¬Ω szklanki mąki pszennej (uniwersalnej)

olej do smażenia

1 cytryna, pokrojona w kliny

Rybę przekroić kilka razy po przekątnej z każdej strony. Zanurz w ubitych jajkach, a następnie dodaj mąkę, aby całkowicie pokryć. Wyeliminuj nadmiar. Rozgrzej olej i smaż rybę przez około 10-15 minut, aż będzie miękka. Odsączyć na chłonnym papierze i podawać z cytryną.

Pstrąg cytrynowy

Dla 4 osób

450 ml / ¬œ pt / 2 szklanki bulionu z kurczaka
5 cm / 2 kwadratowe kawałki skórki z cytryny
150 ml / ¬° pt / hojny ¬Ω kubek soku z cytryny
90 ml / 6 łyżek brązowego cukru
2 plastry korzenia imbiru, pokrojone w paski
30 ml / 2 łyżki mąki kukurydzianej (skrobia kukurydziana)
4 pstrągi
375 g / 12 uncji / 3 szklanki mąki pszennej (uniwersalnej)
175 ml / 6 fl oz / ¬œ szklanki wody
olej do smażenia
2 białka jaj
8 cebul dymek (szallion), pokrojonych w cienkie plasterki

Aby zrobić sos, mieszaj bulion, skórkę i sok z cytryny oraz cukier przez 5 minut. Zdjąć z ognia, przecedzić i ponownie przełożyć na patelnię. Wymieszaj mąkę kukurydzianą z niewielką ilością wody, a następnie zamieszaj na patelni. Dusić przez 5 minut, często mieszając. Zdejmij z ognia i utrzymuj sos w cieple.

Lekko posyp rybę z obu stron odrobiną mąki. Resztę mąki utrzeć z wodą i 10 ml / 2 łyżeczkami oleju na gładką masę. Białka ubić na sztywną, ale nie suchą pianę i dodać do ciasta. Pozostały olej rozgrzać. Zanurz rybę w cieście, aby całkowicie ją pokryć. Gotuj rybę przez około 10 minut, obracając raz, aż będzie ugotowana i złocistobrązowa. Osączyć na chłonnym papierze. Rybę ułóż na ciepłym talerzu. Wmieszaj dymkę do ciepłego sosu, polej rybę i natychmiast podawaj.

Chiński tuńczyk

Dla 4 osób

30 ml / 2 łyżki oleju arachidowego

1 cebula, posiekana

200 g tuńczyka z puszki, odsączonego i pokrojonego w płatki

2 łodygi selera, posiekane

100 g posiekanych grzybów

1 zielona papryka, posiekana

250 ml / 8 uncji / 1 szklanka bulionu

30 ml / 2 łyżki sosu sojowego

100 g drobnego makaronu jajecznego

sól

15 ml / 1 łyżka mąki kukurydzianej (skrobi kukurydzianej)

45 ml / 3 łyżki wody

Rozgrzej olej i smaż cebulę, aż się zeszkli. Dodaj tuńczyka i mieszaj, aż dobrze pokryje się olejem. Dodać seler, pieczarki i pieprz i smażyć mieszając przez 2 minuty. Dodaj bulion i sos sojowy, zagotuj, przykryj i gotuj przez 15 minut. W międzyczasie ugotuj tagliatelle we wrzącej osolonej wodzie przez około 5 minut, aż zmięknie, następnie dobrze odsącz i ułóż na ciepłej porcji danie. Wymieszaj mąkę kukurydzianą i wodę, dodaj mieszaninę do sosu z tuńczyka i gotuj na wolnym ogniu, mieszając, aż sos stanie się klarowny i zgęstnieje.

Marynowane Steki Rybne

Dla 4 osób

4 steki z witlinka lub plamiaka
2 ząbki czosnku, zmiażdżone
2 plasterki korzenia imbiru, zmiażdżone
3 dymki (szalotka), posiekane
15 ml / 1 łyżka wina ryżowego lub wytrawnego sherry
15 ml / 1 łyżka octu winnego
sól i świeżo zmielony pieprz
45 ml / 3 łyżki oleju arachidowego

Włóż rybę do miski. Wymieszaj czosnek, imbir, dymkę, wino lub sherry, ocet winny, sól i pieprz, polej rybę, przykryj i pozostaw do marynowania na kilka godzin. Wyjąć rybę z marynaty. Rozgrzej olej i smaż rybę na złoty kolor z obu stron, a następnie zdejmij ją z patelni. Dodaj marynatę do rondla, zagotuj, a następnie ponownie włóż rybę na patelnię i gotuj na wolnym ogniu, aż się ugotuje.

Krewetki Z Migdałami

Dla 4 osób

100 g migdałów

225 g dużych krewetek w skórkach

2 plasterki korzenia imbiru, posiekane

15 ml / 1 łyżka mąki kukurydzianej (skrobi kukurydzianej)

2,5 ml / ¬Ω łyżeczki soli

30 ml / 2 łyżki oleju arachidowego

2 ząbki czosnku

2 łodygi selera, posiekane

5 ml / 1 łyżeczka sosu sojowego

5 ml / 1 łyżeczka wina ryżowego lub wytrawnego sherry

30 ml / 2 łyżki wody

Migdały uprażyć na suchej patelni, aż lekko się zarumienią, a następnie odstawić. Obierz krewetki, pozostawiając je na ogonach i przekrój je na pół wzdłuż ogonów. Wymieszaj z imbirem, skrobią kukurydzianą i solą. Rozgrzej olej i smaż czosnek, aż się lekko zrumieni, a następnie wyrzuć czosnek. Dodaj seler, sos sojowy, wino lub sherry i wodę na patelnię i zagotuj. Dodać krewetki i smażyć mieszając, aż się zarumienią. Podawać posypane prażonymi migdałami.

Krewetki z anyżem

Dla 4 osób

45 ml / 3 łyżki oleju arachidowego

15 ml / 1 łyżka sosu sojowego

5 ml / 1 łyżeczka cukru

120 ml / 4 fl oz / ¬Ω szklanki bulionu rybnego

szczypta mielonego anyżu

450 g obranych krewetek

Rozgrzej olej, dodaj sos sojowy, cukier, bulion i anyż i zagotuj. Dodaj krewetki i gotuj na wolnym ogniu przez kilka minut, aż się rozgrzeją i nabiorą smaku.

Krewetki Ze Szparagami

Dla 4 osób

450 g szparagów, pokrojonych na kawałki
45 ml / 3 łyżki oleju arachidowego
2 plasterki korzenia imbiru, posiekane
15 ml / 1 łyżka sosu sojowego
15 ml / 1 łyżka wina ryżowego lub wytrawnego sherry
5 ml / 1 łyżeczka cukru
2,5 ml / ¬Ω łyżeczki soli
225 g obranych krewetek

Blanszować szparagi we wrzącej wodzie przez 2 minuty, a następnie dobrze odsączyć. Rozgrzej olej i smaż imbir przez kilka sekund. Dodaj szparagi i mieszaj, aż dobrze pokryją się olejem. Dodaj sos sojowy, wino lub sherry, cukier i sól i ponownie podgrzej. Dodaj krewetki i mieszaj na małym ogniu, aż szparagi będą miękkie.

Krewetki Z Bekonem

Dla 4 osób

450g dużych nieobranych krewetek
100 g boczku
1 jajko, lekko ubite
2,5 ml / ¬Ω łyżeczki soli
15 ml / 1 łyżka sosu sojowego
50 g / 2 oz / ¬Ω szklanki mąki kukurydzianej (skrobia kukurydziana)
olej do smażenia

Obierz krewetki, pozostawiając nienaruszone ogony. Przeciąć na pół w kierunku ogona. Boczek pokroić w kwadraty. W środek każdej krewetki wciśnij kawałek bekonu i zsuń połówki. Jajko ubić z solą i sosem sojowym. Zanurz krewetki w jajku, a następnie oprósz mąką kukurydzianą. Rozgrzej olej i smaż krewetki, aż będą chrupiące i złocistobrązowe.

Kulki Krewetkowe

Dla 4 osób

3 suszone grzyby chińskie
450 g drobno posiekanych krewetek
6 kasztanów wodnych, drobno posiekanych
1 dymka (szalotka), drobno posiekana
1 plaster korzenia imbiru, drobno posiekany
sól i świeżo zmielony pieprz
2 ubite jajka
15 ml / 1 łyżka mąki kukurydzianej (skrobi kukurydzianej)
50 g / 2 uncje / ¬Ω szklanki mąki pszennej (uniwersalnej)
olej z orzeszków ziemnych (arachidowy) do smażenia

Grzyby moczymy przez 30 minut w ciepłej wodzie, następnie odcedzamy. Odrzuć łodygi i drobno posiekaj kapelusze. Wrzucić krewetki, kasztany wodne, dymkę i imbir, doprawić solą i pieprzem. Z 1 jajka i 5 ml/1 łyżeczki zwiniętej mąki kukurydzianej uformować kulki wielkości czubatej łyżeczki.

Wymieszaj pozostałe jajko, mąkę kukurydzianą i mąkę i dodaj tyle wody, aby uzyskać gęste, gładkie ciasto. Rzuć kulki w rzadkie ciasto. Rozgrzej olej i smaż przez kilka minut na złoty kolor.

Grillowane krewetki

Dla 4 osób

450g dużych obranych krewetek
100 g boczku
225 g wątróbek drobiowych, pokrojonych w plastry
1 ząbek czosnku, rozgnieciony
2 plasterki korzenia imbiru, posiekane
30 ml / 2 łyżki cukru
120 ml / 4 fl oz / ¬Ω filiżanka sosu sojowego
sól i świeżo zmielony pieprz

Krewetki przekroić wzdłuż grzbietu bez krojenia i lekko spłaszczyć. Boczek pokroić w kostkę i przełożyć do miski z krewetkami i wątróbkami drobiowymi. Wymieszaj pozostałe składniki, zalej krewetki i odstaw na 30 minut. Na szaszłyki nawlecz krewetki, boczek i wątróbki drobiowe i grilluj je lub gotuj na grillu przez około 5 minut, często je obracając, aż się zarumienią, od czasu do czasu polewając marynatą.

Krewetki Z Pędami Bambusa

Dla 4 osób

60 ml / 4 łyżki oleju arachidowego
1 ząbek czosnku, posiekany
1 plasterek korzenia imbiru, posiekany
450 g obranych krewetek
30ml / 2 łyżki wina ryżowego lub wytrawnego sherry
225 g / 8 uncji pędów bambusa
30 ml / 2 łyżki sosu sojowego
15 ml / 1 łyżka mąki kukurydzianej (skrobi kukurydzianej)
45 ml / 3 łyżki wody

Rozgrzej olej i smaż czosnek i imbir, aż się lekko zrumienią. Dodać krewetki i smażyć mieszając przez 1 minutę. Dodaj wino lub sherry i dobrze wymieszaj. Dodać pędy bambusa i smażyć mieszając przez 5 minut. Dodać pozostałe składniki i smażyć mieszając przez 2 minuty.

Krewetki z kiełkami fasoli

Dla 4 osób

4 suszone grzyby chińskie
30 ml / 2 łyżki oleju arachidowego
1 ząbek czosnku, rozgnieciony
225 g obranych krewetek
15 ml / 1 łyżka wina ryżowego lub wytrawnego sherry
450 g / 1 funt kiełków fasoli
120 ml / 4 fl oz / ¬Ω szklanki bulionu z kurczaka
15 ml / 1 łyżka sosu sojowego
15 ml / 1 łyżka mąki kukurydzianej (skrobi kukurydzianej)
sól i świeżo zmielony pieprz
2 dymki (szalotka), posiekane

Grzyby moczymy przez 30 minut w ciepłej wodzie, następnie odcedzamy. Odrzuć łodygi i pokrój kapelusze. Rozgrzej olej i smaż czosnek, aż się lekko zrumieni. Dodać krewetki i smażyć mieszając przez 1 minutę. Dodaj wino lub sherry i smaż przez 1 minutę. Dodać pieczarki i kiełki fasoli. Wymieszaj bulion, sos sojowy i skrobię kukurydzianą i zamieszaj na patelni. Doprowadzić do wrzenia, a następnie gotować na wolnym ogniu, mieszając, aż sos stanie się klarowny i zgęstnieje. Dopraw solą i pieprzem. Podawać posypane dymką.

Krewetki z sosem z czarnej fasoli

Dla 4 osób

30 ml / 2 łyżki oleju arachidowego
5 ml / 1 łyżeczka soli
1 ząbek czosnku, rozgnieciony
45 ml / 3 łyżki sosu z czarnej fasoli
1 zielona papryka, posiekana
1 cebula, posiekana
120 ml / 4 fl oz / ¬Ω szklanki bulionu rybnego
5 ml / 1 łyżeczka cukru
15 ml / 1 łyżka sosu sojowego
225 g obranych krewetek
15 ml / 1 łyżka mąki kukurydzianej (skrobi kukurydzianej)
45 ml / 3 łyżki wody

Rozgrzej olej i smaż sól, czosnek i sos z czarnej fasoli przez 2 minuty. Dodać paprykę i cebulę i smażyć mieszając przez 2 minuty. Dodaj bulion, cukier i sos sojowy i zagotuj. Dodaj krewetki i gotuj przez 2 minuty. Mąkę kukurydzianą i wodę wymieszać na pastę, dodać do garnka i gotować na wolnym ogniu, mieszając, aż sos stanie się klarowny i zgęstnieje.

Krewetki Z Selerem

Dla 4 osób

45 ml / 3 łyżki oleju arachidowego
3 plastry korzenia imbiru, posiekane
450 g obranych krewetek
5 ml / 1 łyżeczka soli
15 ml / 1 łyżka sherry
4 łodygi selera naciowego, posiekane
100 g mielonych migdałów

Rozgrzej połowę oleju i smaż imbir, aż się lekko zrumieni. Dodaj krewetki, sól i sherry i smaż, mieszając, aż dobrze pokryją się olejem, a następnie zdejmij z patelni. Podgrzej pozostały olej i smaż seler i migdały przez kilka minut, aż seler będzie miękki, ale nadal chrupiący. Umieść krewetki z powrotem na patelni, dobrze wymieszaj i podgrzej przed podaniem.

Krewetki smażone z kurczakiem

Dla 4 osób

30 ml / 2 łyżki oleju arachidowego
2 ząbki czosnku, zmiażdżone
225 g gotowanego kurczaka, cienko pokrojonego
100 g pędów bambusa, pokrojonych w plasterki
100 g pieczarek pokrojonych w plasterki
75 ml / 5 łyżek bulionu rybnego
225 g obranych krewetek
225 g groszku śnieżnego (mandas)
15 ml / 1 łyżka mąki kukurydzianej (skrobi kukurydzianej)
45 ml / 3 łyżki wody

Rozgrzej olej i smaż czosnek, aż się lekko zrumieni. Dodaj kurczaka, pędy bambusa i grzyby i smaż mieszając, aż dobrze pokryją się olejem. Dodać bulion i doprowadzić do wrzenia. Dodaj krewetki i groszek śnieżny, przykryj i gotuj na wolnym ogniu przez 5 minut. Wymieszaj mąkę kukurydzianą i wodę na pastę, wymieszaj na patelni i gotuj na wolnym ogniu, mieszając, aż sos stanie się klarowny i zgęstnieje. Natychmiast podawaj.

Krewetki chilli

Dla 4 osób

450 g obranych krewetek
1 białko jajka
10 ml / 2 łyżeczki mąki kukurydzianej (skrobi kukurydzianej)
5 ml / 1 łyżeczka soli
60 ml / 4 łyżki oleju arachidowego
25 g suszonej czerwonej papryki, łuskanej
1 ząbek czosnku, rozgnieciony
5 ml / 1 łyżeczka świeżo zmielonego pieprzu
15 ml / 1 łyżka sosu sojowego
5 ml / 1 łyżeczka wina ryżowego lub wytrawnego sherry
2,5 ml / ½ łyżeczki cukru
2,5 ml / ½ łyżeczki octu winnego
2,5 ml / ½ łyżeczki oleju sezamowego

Umieść krewetki w misce z białkiem, mąką kukurydzianą i solą i pozostaw do marynowania na 30 minut. Rozgrzać olej i smażyć papryczki chilli, czosnek i pieprz przez 1 minutę. Dodać krewetki i pozostałe składniki i smażyć mieszając przez kilka minut, aż krewetki się podgrzeją, a składniki dobrze połączą.

Kotlet Krewetkowy Suey

Dla 4 osób

60 ml / 4 łyżki oleju arachidowego

2 dymki (szalotka), posiekane

2 ząbki czosnku, zmiażdżone

1 plasterek korzenia imbiru, posiekany

225 g obranych krewetek

100 g mrożonego groszku

100 g pieczarek, przekrojonych na pół

30 ml / 2 łyżki sosu sojowego

15 ml / 1 łyżka wina ryżowego lub wytrawnego sherry

5 ml / 1 łyżeczka cukru

5 ml / 1 łyżeczka soli

15 ml / 1 łyżka mąki kukurydzianej (skrobi kukurydzianej)

Podgrzej 45 ml / 3 łyżki oleju i podsmaż dymkę, czosnek i imbir, aż się lekko zrumienią. Dodać krewetki i smażyć mieszając przez 1 minutę. Zdjąć z patelni. Rozgrzej pozostały olej i smaż przez 3 minuty groszek i grzyby. Dodać krewetki, sos sojowy, wino lub sherry, cukier i sól i smażyć mieszając przez 2 minuty. Wymieszaj mąkę kukurydzianą z niewielką ilością wody, zamieszaj na patelni i gotuj, mieszając, aż sos stanie się klarowny i zgęstnieje.

Krewetka Chow Mein

Dla 4 osób

450 g obranych krewetek
15 ml / 1 łyżka mąki kukurydzianej (skrobi kukurydzianej)
15 ml / 1 łyżka sosu sojowego
15 ml / 1 łyżka wina ryżowego lub wytrawnego sherry
4 suszone grzyby chińskie
30 ml / 2 łyżki oleju arachidowego
5 ml / 1 łyżeczka soli
1 plasterek korzenia imbiru, posiekany
100 g kapusty pekińskiej, pokrojonej
100 g pędów bambusa, pokrojonych w plasterki
Miękki Smażony Makaron

Wymieszaj krewetki z mąką kukurydzianą, sosem sojowym i winem lub sherry i odstaw, mieszając od czasu do czasu. Grzyby moczymy przez 30 minut w ciepłej wodzie, następnie odcedzamy. Usuń łodygi i pokrój kapelusze. Rozgrzej olej i smaż sól i imbir przez 1 minutę. Dodaj kapustę i pędy bambusa i mieszaj, aż pokryją się olejem. Przykryj i gotuj przez 2 minuty. Wymieszaj krewetki z marynatą i smaż przez 3 minuty. Dodaj odsączone tagliatelle i podgrzej przed podaniem.

Krewetki Z Cukinią I Liczi

Dla 4 osób

12 krewetek

sól i pieprz

10 ml / 2 łyżeczki sosu sojowego

10 ml / 2 łyżeczki mąki kukurydzianej (skrobi kukurydzianej)

15 ml / 1 łyżka oleju arachidowego

4 ząbki czosnku, zmiażdżone

2 czerwone chilli, posiekane

225 g cukinii (cukinii), pokrojonej w kostkę

2 dymki (szalotka), posiekane

12 liczi, ukamienowanych

120 ml / 4 fl oz / ¬Ω filiżanka śmietanki kokosowej

10 ml / 2 łyżeczki słodkiego curry w proszku

5 ml / 1 łyżeczka sosu rybnego

Krewetki obrać, pozostawiając je na ogonach. Posypać solą, pieprzem i sosem sojowym, a następnie obtoczyć w mące kukurydzianej. Rozgrzej olej i smaż czosnek, papryczkę chilli i krewetki przez 1 minutę. Dodaj cukinię, dymkę i liczi i smaż przez 1 minutę. Zdjąć z patelni. Wlej śmietankę kokosową na patelnię, zagotuj i gotuj na wolnym ogniu przez 2 minuty, aż zgęstnieje. Dodaj curry

w proszku i sosie rybnym, doprawić solą i pieprzem. Włóż krewetki i warzywa z powrotem do sosu, aby podgrzać przed podaniem.

Krewetki Z Krabem

Dla 4 osób

45 ml / 3 łyżki oleju arachidowego

3 dymki (szalotka), posiekane

1 pokrojony korzeń imbiru, posiekany

225 g mięsa kraba

15 ml / 1 łyżka wina ryżowego lub wytrawnego sherry

30 ml / 2 łyżki bulionu drobiowego lub rybnego

15 ml / 1 łyżka sosu sojowego

5 ml / 1 łyżeczka brązowego cukru

5 ml / 1 łyżeczka octu winnego

świeżo zmielony pieprz

10 ml / 2 łyżeczki mąki kukurydzianej (skrobi kukurydzianej)

225 g obranych krewetek

Rozgrzej 30 ml / 2 łyżki oleju i podsmaż dymkę i imbir, aż się lekko zrumienią. Dodać mięso kraba i smażyć mieszając przez 2 minuty. Dodać wino lub sherry, bulion, sos sojowy, cukier i ocet, doprawić do smaku pieprzem. Smażyć przez 3 minuty. Mąkę ziemniaczaną wymieszać z odrobiną wody i dodać do sosu. Dusić, mieszając, aż sos zgęstnieje. W międzyczasie rozgrzej pozostały olej na osobnej patelni i smaż kilka krewetek minut, aż się zagrzeje. Ułóż mieszankę krabów na ciepłym półmisku i udekoruj krewetkami.

Krewetki Z Ogórkiem

Dla 4 osób

225 g obranych krewetek
sól i świeżo zmielony pieprz
15 ml / 1 łyżka mąki kukurydzianej (skrobi kukurydzianej)
1 ogórek
45 ml / 3 łyżki oleju arachidowego
2 ząbki czosnku, zmiażdżone
1 cebula, drobno posiekana
15 ml / 1 łyżka wina ryżowego lub wytrawnego sherry
2 plasterki korzenia imbiru, posiekane

Krewetki doprawiamy solą i pieprzem i mieszamy z mąką kukurydzianą. Ogórka obrać i wydrążyć nasiona, pokroić w grube plastry. Rozgrzej połowę oleju i smaż czosnek i cebulę, aż się lekko zrumienią. Dodać krewetki i sherry i smażyć mieszając przez 2 minuty, następnie zdjąć składniki z patelni. Rozgrzej pozostały olej i smaż imbir przez 1 minutę. Dodać ogórek i smażyć mieszając przez 2 minuty. Przełóż mieszankę krewetek z powrotem na patelnię i smaż mieszając, aż dobrze się wymiesza i podgrzeje.

Curry z krewetek

Dla 4 osób

45 ml / 3 łyżki oleju arachidowego

4 dymki (szalotka), pokrojone w plasterki

30 ml / 2 łyżki curry w proszku

2,5 ml / ¬Ω łyżeczki soli

120 ml / 4 fl oz / ¬Ω szklanki bulionu z kurczaka

450 g obranych krewetek

Rozgrzej olej i smaż cebulę przez 30 sekund. Dodać curry i sól i smażyć mieszając przez 1 minutę. Dodać bulion, doprowadzić do wrzenia i gotować na wolnym ogniu, mieszając, przez 2 minuty. Dodaj krewetki i delikatnie podgrzej.

Curry z krewetek i grzybów

Dla 4 osób

5 ml / 1 łyżeczka sosu sojowego

5 ml / 1 łyżeczka wina ryżowego lub wytrawnego sherry

225 g obranych krewetek

30 ml / 2 łyżki oleju arachidowego

2 ząbki czosnku, zmiażdżone

1 plaster korzenia imbiru, drobno posiekany

1 cebula, pokrojona w ósemki

100 g pieczarek

100 g świeżego lub mrożonego groszku

15 ml / 1 łyżka curry w proszku

15 ml / 1 łyżka mąki kukurydzianej (skrobi kukurydzianej)

150 ml / ¬° pt / hojny ¬Ω kubek bulionu drobiowego

Dodaj sos sojowy, wino lub sherry i krewetki. Rozgrzej olej z czosnkiem i imbirem i smaż, aż się lekko zrumienią. Dodać cebulę, pieczarki i groszek i smażyć mieszając przez 2 minuty. Dodać curry i mąkę kukurydzianą i smażyć mieszając przez 2 minuty. Stopniowo dodawać bulion, doprowadzić do wrzenia, przykryć i gotować na wolnym ogniu przez 5 minut, od czasu do czasu mieszając. Dodaj krewetki i marynatę, przykryj i gotuj na wolnym ogniu przez 2 minuty.

Smażone krewetki

Dla 4 osób

450 g obranych krewetek
30ml / 2 łyżki wina ryżowego lub wytrawnego sherry
5 ml / 1 łyżeczka soli
olej do smażenia
sos sojowy

Skrop krewetki winem lub sherry i posyp solą. Odstawiamy na 15 minut, następnie odcedzamy i osuszamy. Rozgrzej olej i smaż krewetki przez kilka sekund, aż będą chrupiące. Podawać polane sosem sojowym.

Smażone panierowane krewetki

Dla 4 osób

50 g / 2 uncje / ¬Ω szklanki mąki pszennej (uniwersalnej)

2,5 ml / ¬Ω łyżeczki soli

1 jajko, lekko ubite

30 ml / 2 łyżki wody

450 g obranych krewetek

olej do smażenia

Ubij mąkę, sól, jajko i wodę, aż uzyskasz ciasto, w razie potrzeby dodając trochę więcej wody. Wmieszaj krewetki, aż dobrze się pokryją. Rozgrzej olej i smaż krewetki przez kilka minut, aż będą chrupiące i złocistobrązowe.

Krewetkowe Kluski Z Sosem Pomidorowym

Dla 4 osób

900 g obranych krewetek

450 g siekanego (mielonego) dorsza

4 ubite jajka

50 g / 2 oz / ¬Ω szklanki mąki kukurydzianej (skrobia kukurydziana)

2 ząbki czosnku, zmiażdżone

30 ml / 2 łyżki sosu sojowego

15 ml / 1 łyżka cukru

15 ml / 1 łyżka oleju arachidowego

Na sos:

30 ml / 2 łyżki oleju arachidowego

100 g posiekanej cebuli (szalotki).

100 g posiekanych grzybów

100 g szynki, mielonej

2 łodygi selera, posiekane

200 g pomidorów, obranych i pokrojonych

300 ml / ¬Ω pt / 1¬° szklanki wody

sól i świeżo zmielony pieprz

15 ml / 1 łyżka mąki kukurydzianej (skrobi kukurydzianej)

Drobno posiekaj krewetki i wymieszaj z dorszem. Wmieszaj jajka, mąkę kukurydzianą, czosnek, sos sojowy, cukier i olej. W dużym garnku zagotować wodę i wlać do garnka łyżkę mieszanki. Ponownie doprowadzić do wrzenia i gotować na wolnym ogniu przez kilka minut, aż gnocchi wypłyną na powierzchnię. Dobrze odcedź. Aby zrobić sos, rozgrzej olej i podsmaż dymkę, aż będzie miękka, ale nie zrumieniona. Dodaj grzyby i smaż przez 1 minutę, następnie dodaj szynkę, seler i pomidory i smaż przez 1 minutę. Dodaj wodę, zagotuj i dopraw solą i pieprzem. Przykryj i gotuj na wolnym ogniu przez 10 minut, od czasu do czasu mieszając. Mąkę ziemniaczaną wymieszać z odrobiną wody i dodać do sosu. Dusić przez kilka minut, mieszając, aż sos stanie się klarowny i zgęstnieje. Podawać z knedlami.

Kieliszki do jajek i krewetki

Dla 4 osób

15 ml / 1 łyżka oleju sezamowego

8 obranych krewetek

1 czerwona papryka, posiekana

2 dymki (szalotka), posiekane

30ml/2 łyżki siekanego uchowca (opcjonalnie)

8 jajek

15 ml / 1 łyżka sosu sojowego

sól i świeżo zmielony pieprz

kilka gałązek pietruszki płaskiej

Użyj oleju sezamowego do wysmarowania 8 naczyń do pieczenia. Umieść jedną krewetkę na każdym talerzu z odrobiną chili, dymką i uchowcem, jeśli używasz. Do każdej miski wbić jajko i doprawić sosem sojowym, solą i pieprzem. Umieść kokilki na blasze do pieczenia i piecz w nagrzanym piekarniku w temperaturze 200°C / 400°F / stopień gazu 6 przez około 15 minut, aż jajka się zetną i będą lekko chrupiące z zewnątrz. Ułóż je ostrożnie na rozgrzanym półmisku i udekoruj natką pietruszki.

Roladki Z Krewetki

Dla 4 osób

225 g kiełków fasoli
30 ml / 2 łyżki oleju arachidowego
4 łodygi selera naciowego, posiekane
100 g posiekanych grzybów
225 g obranych krewetek, posiekanych
15 ml / 1 łyżka wina ryżowego lub wytrawnego sherry
2,5 ml / ¬Ω łyżeczki mąki kukurydzianej (skrobi kukurydzianej)
2,5 ml / ¬Ω łyżeczki soli
2,5 ml / ¬Ω łyżeczki cukru
12 okładów z bułek jajecznych
1 jajko, ubite
olej do smażenia

Blanszuj kiełki fasoli we wrzącej wodzie przez 2 minuty, a następnie odcedź. Rozgrzej olej i smaż seler przez 1 minutę. Dodać pieczarki i smażyć mieszając przez 1 minutę. Dodać krewetki, wino lub sherry, mąkę kukurydzianą, sól i cukier i smażyć mieszając przez 2 minuty. Pozostaw do ostygnięcia.

Na środek każdej skórki nałożyć porcję nadzienia i posmarować brzegi roztrzepanym jajkiem. Złóż krawędzie, a następnie odciągnij roladę od siebie, uszczelniając brzegi jajkiem. Rozgrzej olej i smaż na złoty kolor.

Krewetki z Dalekiego Wschodu

Dla 4 osób

16—20 obranych krewetek
sok z 1 cytryny
120 ml / 4 fl oz / ¬Ω filiżanka wytrawnego białego wina
30 ml / 2 łyżki sosu sojowego
30 ml / 2 łyżki miodu
15 ml / 1 łyżka startej skórki z cytryny
sól i pieprz
45 ml / 3 łyżki oleju arachidowego
1 ząbek czosnku, posiekany
6 cebul dymek (szalotki), pokrojonych w paski
2 marchewki, pokrojone w paski
5 ml / 1 łyżeczka proszku pięciu przypraw
5 ml / 1 łyżeczka mąki kukurydzianej (skrobi kukurydzianej)

Krewetki wymieszać z sokiem z cytryny, winem, sosem sojowym, miodem i skórką z cytryny, doprawić solą i pieprzem. Przykryj i pozostaw do marynowania na 1 godzinę. Rozgrzej olej i smaż czosnek, aż się lekko zrumieni. Dodać warzywa i smażyć mieszając, aż będą miękkie, ale nadal chrupiące. Odcedź krewetki, dodaj je na patelnię i smaż przez 2 minuty. Wysiłek marynatę i wymieszaj z proszkiem pięciu przypraw i mąką kukurydzianą. Dodać do woka, dobrze wymieszać i doprowadzić do wrzenia.

Krewetki Foo Yung

Dla 4 osób

6 jaj, ubitych

45 ml / 3 łyżki mąki kukurydzianej (skrobia kukurydziana)

225 g obranych krewetek

100 g pieczarek pokrojonych w plasterki

5 ml / 1 łyżeczka soli

2 dymki (szalotka), posiekane

45 ml / 3 łyżki oleju arachidowego

Ubij jajka, a następnie dodaj mąkę kukurydzianą. Dodaj wszystkie pozostałe składniki oprócz oleju. Rozgrzej olej i stopniowo wlewaj mieszaninę na patelnię, aby uzyskać naleśniki o średnicy około 7,5 cm. Smażyć, aż spód się zarumieni, następnie przewrócić i zrumienić z drugiej strony.

Chipsy Krewetkowe

Dla 4 osób

12 dużych surowych krewetek

1 jajko, ubite

30 ml / 2 łyżki mąki kukurydzianej (skrobia kukurydziana)

szczypta soli

szczypta pieprzu

3 kromki chleba

1 żółtko ugotowane na twardo (ugotowane), posiekane

25 g gotowanej szynki, mielonej

1 dymka (szalotka), posiekana

olej do smażenia

Usuń skorupy i tylne żyły z krewetek, pozostawiając nienaruszone ogony. Ostrym nożem naciąć grzbiet krewetek i delikatnie je rozgnieść. Wbij jajko, mąkę kukurydzianą, sól i pieprz. Mieszaj krewetki w mieszance, aż całkowicie się pokryją. Usuń skórkę z chleba i pokrój go na ćwiartki. Połóż po jednej krewetce, przecięciem do dołu, na każdym kawałku i dociśnij. Każdą krewetkę posmarować mieszanką jajeczną, a następnie udekorować żółtkiem, szynką i dymką. Rozgrzej olej i smaż kawałki chleba z krewetkami partiami na złoty kolor. Odsączyć na chłonnym papierze i podawać gorące.

Krewetki smażone w sosie

Dla 4 osób

75 g / 3 uncje / pełny kubek mąki kukurydzianej (skrobia kukurydziana)

¬Ω jajko, ubite

5 ml / 1 łyżeczka wina ryżowego lub wytrawnego sherry

sól

450 g obranych krewetek

45 ml / 3 łyżki oleju arachidowego

5 ml / 1 łyżeczka oleju sezamowego

1 ząbek czosnku, rozgnieciony

1 plasterek korzenia imbiru, posiekany

3 dymki (szalotka), pokrojone w plasterki

15 ml / 1 łyżka bulionu rybnego

5 ml / 1 łyżeczka octu winnego

5 ml / 1 łyżeczka cukru

Wymieszaj mąkę kukurydzianą, jajko, wino lub sherry i szczyptę soli, aby uzyskać ciasto. Zanurz krewetki w cieście, aby były lekko pokryte. Rozgrzej olej i smaż krewetki, aż będą chrupiące z zewnątrz. Zdejmij je z patelni i spuść olej. Na patelni rozgrzej olej sezamowy, dodaj krewetki, czosnek i imbir dymkę i smażyć przez 3 minuty. Dodaj bulion, ocet winny i cukier, dobrze wymieszaj i podgrzej przed podaniem.

Gotowane krewetki z szynką i tofu

Dla 4 osób

30 ml / 2 łyżki oleju arachidowego
225 g pokrojonego w kostkę tofu
600 ml / 1 szt. / 2-Ω szklanki bulionu z kurczaka
100 g szynki wędzonej pokrojonej w kostkę
225 g obranych krewetek

Rozgrzej olej i smaż tofu, aż się lekko zrumieni. Zdjąć z patelni i odsączyć. Podgrzej bulion, dodaj tofu i szynkę i gotuj na wolnym ogniu przez około 10 minut, aż tofu się ugotuje. Dodaj krewetki i gotuj na wolnym ogniu przez kolejne 5 minut, aż się rozgrzeją. Podawać w głębokich miskach.

Krewetki z sosem liczi

Dla 4 osób

50 g / 2 uncje / ¬Ω kubek zwykły (uniwersalny)

Mąka

2,5 ml / ¬Ω łyżeczki soli

1 jajko, lekko ubite

30 ml / 2 łyżki wody

450 g obranych krewetek

olej do smażenia

30 ml / 2 łyżki oleju arachidowego

2 plasterki korzenia imbiru, posiekane

30 ml / 2 łyżki octu winnego

5 ml / 1 łyżeczka cukru

2,5 ml / ¬Ω łyżeczki soli

15 ml / 1 łyżka sosu sojowego

200 g liczi z puszki, odsączone

Wymieszaj mąkę, sól, jajko i wodę, aby uzyskać ciasto, w razie potrzeby dodając trochę więcej wody. Wmieszaj krewetki, aż dobrze się pokryją. Rozgrzej olej i smaż krewetki przez kilka minut, aż będą chrupiące i złocistobrązowe. Odsączamy je na chłonnym papierze i układamy na gorącym talerzu. W międzyczasie rozgrzej olej i smaż imbir przez 1 minutę. Dodać ocet winny, cukier, sól i sos sojowy. Dodaj liczi i mieszaj, aż będą gorące i pokryte sosem. Polać krewetkami i od razu podawać.

Smażone Krewetki Mandarynki

Dla 4 osób

60 ml / 4 łyżki oleju arachidowego
1 ząbek czosnku, rozgnieciony
1 plasterek korzenia imbiru, posiekany
450 g obranych krewetek
30ml / 2 łyżki wina ryżowego lub wytrawnej sherry 30ml / 2 łyżki sosu sojowego
15 ml / 1 łyżka mąki kukurydzianej (skrobi kukurydzianej)
45 ml / 3 łyżki wody

Rozgrzej olej i smaż czosnek i imbir, aż się lekko zrumienią. Dodać krewetki i smażyć mieszając przez 1 minutę. Dodaj wino lub sherry i dobrze wymieszaj. Dodać sos sojowy, mąkę kukurydzianą i wodę i smażyć mieszając przez 2 minuty.

Krewetki Z Mangetoutem

Dla 4 osób

5 suszonych grzybów chińskich
225 g kiełków fasoli
60 ml / 4 łyżki oleju arachidowego
5 ml / 1 łyżeczka soli
2 łodygi selera, posiekane
4 dymki (szalotka), posiekane
2 ząbki czosnku, zmiażdżone
2 plasterki korzenia imbiru, posiekane
60 ml / 4 łyżki wody
15 ml / 1 łyżka sosu sojowego
15 ml / 1 łyżka wina ryżowego lub wytrawnego sherry
225 g groszku śnieżnego (mandas)
225 g obranych krewetek
15 ml / 1 łyżka mąki kukurydzianej (skrobi kukurydzianej)

Grzyby moczymy przez 30 minut w ciepłej wodzie, następnie odcedzamy. Usuń łodygi i pokrój kapelusze. Blanszuj kiełki fasoli we wrzącej wodzie przez 5 minut, a następnie dobrze odsącz. Rozgrzej połowę oleju i podsmaż sól, seler, dymkę i kiełki fasoli przez 1 minutę, a następnie zdejmij z patelni. Rozgrzej pozostały olej i smaż czosnek i imbir, aż się lekko zrumienią. Dodaj połowę wody, sos sojowy, wino lub sherry, groszek śnieżny i krewetki, zagotuj i gotuj przez 3 minuty. Mąkę kukurydzianą i pozostałą wodę wymieszaj na pastę, wlej do rondelka i gotuj na wolnym ogniu, mieszając, aż sos zgęstnieje. Umieść warzywa z powrotem na patelni, gotować, aż się rozgrzeje. Natychmiast podawaj.

Krewetki Z Chińskimi Pieczarkami

Dla 4 osób

8 suszonych grzybów chińskich
45 ml / 3 łyżki oleju arachidowego
3 plastry korzenia imbiru, posiekane
450 g obranych krewetek
15 ml / 1 łyżka sosu sojowego
5 ml / 1 łyżeczka soli
60 ml / 4 łyżki bulionu rybnego

Grzyby moczymy przez 30 minut w ciepłej wodzie, następnie odcedzamy. Usuń łodygi i pokrój kapelusze. Rozgrzej połowę oleju i smaż imbir, aż się lekko zrumieni. Dodaj krewetki, sos sojowy i sól i smaż, mieszając, aż pokryją się olejem, a następnie zdejmij z patelni. Rozgrzej pozostały olej i smaż grzyby, aż pokryją się olejem. Dodaj bulion, zagotuj, przykryj i gotuj przez 3 minuty. Przełóż krewetki z powrotem na patelnię i mieszaj, aż się rozgrzeją.

Smażone krewetki i groszek

Dla 4 osób

450 g obranych krewetek
5 ml / 1 łyżeczka oleju sezamowego
5 ml / 1 łyżeczka soli
30 ml / 2 łyżki oleju arachidowego
1 ząbek czosnku, rozgnieciony
1 plasterek korzenia imbiru, posiekany
225 g blanszowanego lub mrożonego groszku, rozmrożonego
4 dymki (szalotka), posiekane
30 ml / 2 łyżki wody
sól i pieprz

Wymieszaj krewetki z olejem sezamowym i solą. Rozgrzej olej i smaż czosnek i imbir przez 1 minutę. Dodać krewetki i smażyć mieszając przez 2 minuty. Dodać groszek i smażyć mieszając przez 1 minutę. Dodaj dymkę i wodę, dopraw solą i pieprzem oraz odrobiną oleju sezamowego, jeśli chcesz. Podgrzać, dokładnie mieszając, przed podaniem.

Krewetki Z Mango Chutney

Dla 4 osób

12 krewetek

sól i pieprz

sok z 1 cytryny

30 ml / 2 łyżki mąki kukurydzianej (skrobia kukurydziana)

1 mango

5 ml / 1 łyżeczka musztardy w proszku

5 ml / 1 łyżeczka miodu

30 ml / 2 łyżki śmietanki kokosowej

30 ml / 2 łyżki łagodnego curry w proszku

120 ml / 4 fl oz / ¬Ω szklanki bulionu z kurczaka

45 ml / 3 łyżki oleju arachidowego

2 ząbki czosnku, posiekane

2 dymki (szalotka), posiekane

1 koper włoski, posiekany

100 g chutneyu z mango

Obierz krewetki, pozostawiając nienaruszone ogony. Posypać solą, pieprzem i sokiem z cytryny, a następnie obtoczyć w połowie mąki kukurydzianej. Obierz mango, odetnij miąższ od pestki, a następnie pokrój w kostkę. Wymieszaj musztardę, miód, śmietankę kokosową, curry w proszku, pozostałą mąkę kukurydzianą i bulion. Rozgrzej połowę oleju i smaż czosnek, dymkę i koper włoski przez 2 minuty. Dodać bulion, doprowadzić do wrzenia i gotować na wolnym ogniu przez 1 minutę. Dodaj kostki mango i chutney, delikatnie podgrzej, a następnie przełóż na ciepły talerz. Rozgrzej pozostały olej i smaż krewetki przez 2 minuty. Ułóż je na warzywach i od razu podawaj.

Kulki krewetkowe smażone z sosem cebulowym

Dla 4 osób

3 jajka, lekko ubite

45 ml/3 łyżki mąki pszennej (uniwersalnej)

sól i świeżo zmielony pieprz

450 g obranych krewetek

olej do smażenia

15 ml / 1 łyżka oleju arachidowego

2 cebule, posiekane

15 ml / 1 łyżka mąki kukurydzianej (skrobi kukurydzianej)

30 ml / 2 łyżki sosu sojowego

175 ml / 6 fl oz / ¬œ szklanki wody

Wymieszaj jajka, mąkę, sól i pieprz. Włóż krewetki do ciasta. Rozgrzej olej i smaż krewetki na złoty kolor. W międzyczasie rozgrzej olej i smaż cebulę przez 1 minutę. Z pozostałych składników zmiksować na pastę, dodać cebulę i smażyć mieszając, aż sos zgęstnieje. Odcedź krewetki i ułóż je na ciepłym talerzu. Polać sosem i od razu podawać.

Krewetki Mandarynkowe Z Groszkiem

Dla 4 osób

60 ml / 4 łyżki oleju arachidowego
1 ząbek czosnku, posiekany
1 plasterek korzenia imbiru, posiekany
450 g obranych krewetek
30ml / 2 łyżki wina ryżowego lub wytrawnego sherry
225 g mrożonego groszku, rozmrożonego
30 ml / 2 łyżki sosu sojowego
15 ml / 1 łyżka mąki kukurydzianej (skrobi kukurydzianej)
45 ml / 3 łyżki wody

Rozgrzej olej i smaż czosnek i imbir, aż się lekko zrumienią. Dodać krewetki i smażyć mieszając przez 1 minutę. Dodaj wino lub sherry i dobrze wymieszaj. Dodać groszek i smażyć mieszając przez 5 minut. Dodać pozostałe składniki i smażyć mieszając przez 2 minuty.

krewetki po pekińsku

Dla 4 osób

30 ml / 2 łyżki oleju arachidowego

2 ząbki czosnku, zmiażdżone

1 plaster korzenia imbiru, drobno posiekany

225 g obranych krewetek

4 dymki (szalotka), pokrojone w grube plastry

120 ml / 4 fl oz / ¬Ω szklanki bulionu z kurczaka

5 ml / 1 łyżeczka brązowego cukru

5 ml / 1 łyżeczka sosu sojowego

5 ml/1 łyżeczka sosu hoisin

5 ml / 1 łyżeczka sosu Tabasco

Rozgrzej oliwę z czosnkiem i imbirem i smaż, aż czosnek się lekko zrumieni. Dodać krewetki i smażyć mieszając przez 1 minutę. Dodać dymkę i smażyć mieszając przez 1 minutę. Dodaj pozostałe składniki, zagotuj, przykryj i gotuj na wolnym ogniu przez 4 minuty, od czasu do czasu mieszając. Sprawdź przyprawy i dodaj trochę Tabasco, jeśli wolisz.

Krewetki Z Papryką

Dla 4 osób

30 ml / 2 łyżki oleju arachidowego

1 zielona papryka, pokrojona na kawałki

450 g obranych krewetek

10 ml / 2 łyżeczki mąki kukurydzianej (skrobi kukurydzianej)

60 ml / 4 łyżki wody

5 ml / 1 łyżeczka wina ryżowego lub wytrawnego sherry

2,5 ml / ¬Ω łyżeczki soli

45 ml / 2 łyżki przecieru pomidorowego √ © e (makaron)

Rozgrzej olej i smaż paprykę przez 2 minuty. Dodaj krewetki i przecier pomidorowy i dobrze wymieszaj. Zmieszaj wodę z mąki kukurydzianej, wino lub sherry i sól na pastę, wymieszaj na patelni i gotuj na wolnym ogniu, mieszając, aż sos stanie się klarowny i zgęstnieje.

Krewetki smażone z wieprzowiną

Dla 4 osób

225 g obranych krewetek

100 g chudej wieprzowiny, rozdrobnionej

60ml / 4 łyżki wina ryżowego lub wytrawnego sherry

1 białko jajka

45 ml / 3 łyżki mąki kukurydzianej (skrobia kukurydziana)

5 ml / 1 łyżeczka soli

15 ml / 1 łyżka wody (opcjonalnie)

90 ml / 6 łyżek oleju arachidowego

45 ml / 3 łyżki bulionu rybnego

5 ml / 1 łyżeczka oleju sezamowego

Umieść krewetki i wieprzowinę w osobnych miskach. Wymieszaj 45 ml / 3 łyżki wina lub sherry, białko jaja, 30 ml / 2 łyżki mąki kukurydzianej i sól, aby uzyskać luźne ciasto, w razie potrzeby dodając wodę. Podziel mieszaninę między wieprzowinę i krewetki i dobrze wymieszaj, aby równomiernie je pokryć. Rozgrzać olej i smażyć wieprzowinę i krewetki przez kilka minut na złoty kolor. Zdjąć z patelni i wlać wszystko oprócz 15 ml/1 łyżkę oleju. Dodaj bulion do rondla z pozostałym winem lub sherry i mąką kukurydzianą. Doprowadzić do wrzenia i gotować, mieszając, aż sos zgęstnieje. Polać krewetkami i wieprzowiną i podawać skropione olejem sezamowym.

Smażone krewetki z sosem sherry

Dla 4 osób

50 g / 2 uncje / ½ szklanki mąki pszennej (uniwersalnej)

2,5 ml / ½ łyżeczki soli

1 jajko, lekko ubite

30 ml / 2 łyżki wody

450 g obranych krewetek

olej do smażenia

15 ml / 1 łyżka oleju arachidowego

1 cebula, drobno posiekana

45ml / 3 łyżki wina ryżowego lub wytrawnego sherry

15 ml / 1 łyżka sosu sojowego

120 ml / 4 fl oz / ½ szklanki bulionu rybnego

10 ml / 2 łyżeczki mąki kukurydzianej (skrobi kukurydzianej)

30 ml / 2 łyżki wody

Wymieszaj mąkę, sól, jajko i wodę, aby uzyskać ciasto, w razie potrzeby dodając trochę więcej wody. Wmieszaj krewetki, aż dobrze się pokryją. Rozgrzej olej i smaż krewetki przez kilka minut, aż będą chrupiące i złocistobrązowe. Odsączamy je na chłonnym papierze i układamy na gorącym talerzu. W międzyczasie rozgrzej olej i smaż cebulę, aż się zeszkli. Dodaj wino lub sherry, sos sojowy i bulion, zagotuj i gotuj przez 4 minuty. Wymieszaj mąkę kukurydzianą i wodę na pastę, wymieszaj na patelni i gotuj na wolnym ogniu, mieszając, aż sos stanie się klarowny i zgęstnieje. Sosem polać krewetki i podawać.

Smażone Krewetki Sezamowe

Dla 4 osób

450 g obranych krewetek
¬Ω białko jajka
5 ml / 1 łyżeczka sosu sojowego
5 ml / 1 łyżeczka oleju sezamowego
50 g / 2 oz / ¬Ω szklanki mąki kukurydzianej (skrobia kukurydziana)
sól i świeżo zmielony biały pieprz
olej do smażenia
60 ml / 4 łyżki sezamu
liście sałaty

Wymieszaj krewetki z białkiem jajka, sosem sojowym, olejem sezamowym, mąką kukurydzianą, solą i pieprzem. Dodaj trochę wody, jeśli mieszanina jest zbyt gęsta. Rozgrzej olej i smaż krewetki przez kilka minut, aż się lekko zrumienią. W międzyczasie krótko uprażyć sezam na suchej patelni na złoty kolor. Odcedź krewetki i wymieszaj je z sezamem. Podawać na łożu z sałaty.

Smażone krewetki w skorupkach

Dla 4 osób

60 ml / 4 łyżki oleju arachidowego
750 g nieobranych krewetek
3 dymki (szalotka), posiekane
3 plastry korzenia imbiru, posiekane
2,5 ml / ¬Ω łyżeczki soli
15 ml / 1 łyżka wina ryżowego lub wytrawnego sherry
120 ml / 4 fl oz / ¬Ω szklanki ketchupu pomidorowego (catsup)
15 ml / 1 łyżka sosu sojowego
15 ml / 1 łyżka cukru
15 ml / 1 łyżka mąki kukurydzianej (skrobi kukurydzianej)
60 ml / 4 łyżki wody

Rozgrzej olej i smaż krewetki przez 1 minutę (jeśli są ugotowane) lub do momentu, aż staną się różowe, jeśli są surowe. Dodać dymkę, imbir, sól i wino lub sherry i smażyć mieszając przez 1 minutę. Dodać ketchup, sos sojowy i cukier i smażyć mieszając przez 1 minutę. Wymieszaj mąkę kukurydzianą i wodę, zamieszaj na patelni i gotuj na wolnym ogniu, mieszając, aż sos stanie się klarowny i zgęstnieje.

Smażone krewetki

Dla 4 osób

75 g / 3 uncje / pełny kubek mąki kukurydzianej (skrobia kukurydziana)

1 białko jajka

5 ml / 1 łyżeczka wina ryżowego lub wytrawnego sherry

sól

350 g obranych krewetek

olej do smażenia

Wymieszaj mąkę kukurydzianą, białko jaja, wino lub sherry i szczyptę soli, aby uzyskać gęste ciasto. Zanurz krewetki w cieście, aż będą dobrze pokryte. Rozgrzej olej do średniej temperatury i smaż krewetki przez kilka minut na złoty kolor. Zdejmij je z oleju, podgrzej, aż będą gorące, a następnie ponownie usmaż krewetki, aż będą chrupiące i złocistobrązowe.

Krewetka w tempurze

Dla 4 osób

450 g obranych krewetek
30ml/2 łyżki mąki pszennej (uniwersalnej)
30 ml / 2 łyżki mąki kukurydzianej (skrobia kukurydziana)
30 ml / 2 łyżki wody
2 ubite jajka
olej do smażenia

Przekrój krewetki na pół po wewnętrznej stronie krzywizny i rozłóż je tak, aby utworzyły kształt motyla. Wymieszaj mąkę, skrobię kukurydzianą i wodę, aby utworzyć pastę, a następnie dodaj jajka. Rozgrzej olej i smaż krewetki na złoty kolor.

Pod Gumą

Dla 4 osób

30 ml / 2 łyżki oleju arachidowego

2 dymki (szalotka), posiekane

1 ząbek czosnku, rozgnieciony

1 plasterek korzenia imbiru, posiekany

100 g piersi z kurczaka, pokrojonej w paski

100 g szynki pokrojonej w paski

100 g pędów bambusa, pokrojonych w paski

100 g kasztanów wodnych, pokrojonych w paski

225 g obranych krewetek

30 ml / 2 łyżki sosu sojowego

30ml / 2 łyżki wina ryżowego lub wytrawnego sherry

5 ml / 1 łyżeczka soli

5 ml / 1 łyżeczka cukru

5 ml / 1 łyżeczka mąki kukurydzianej (skrobi kukurydzianej)

Rozgrzej olej i podsmaż dymkę, czosnek i imbir, aż się lekko zrumienią. Dodać kurczaka i smażyć mieszając przez 1 minutę. Dodać szynkę, pędy bambusa i kasztany wodne i smażyć mieszając przez 3 minuty. Dodać krewetki i smażyć mieszając przez 1 minutę. Dodać sos sojowy, wino lub sherry, sól i cukier i smażyć mieszając przez 2 minuty. Wymieszaj mąkę kukurydzianą z niewielką ilością wody, zamieszaj na patelni i gotuj na wolnym ogniu, mieszając, przez 2 minuty.

Krewetki Z Tofu

Dla 4 osób

45 ml / 3 łyżki oleju arachidowego
225 g pokrojonego w kostkę tofu
1 dymka (szalotka), posiekana
1 ząbek czosnku, rozgnieciony
15 ml / 1 łyżka sosu sojowego
5 ml / 1 łyżeczka cukru
90 ml / 6 łyżek bulionu rybnego
225 g obranych krewetek
15 ml / 1 łyżka mąki kukurydzianej (skrobi kukurydzianej)
45 ml / 3 łyżki wody

Rozgrzej połowę oleju i smaż tofu, aż się lekko zrumieni, a następnie zdejmij z patelni. Rozgrzej pozostały olej i podsmaż cebulę i czosnek, aż się lekko zrumienią. Dodaj sos sojowy, cukier i bulion i zagotuj. Dodaj krewetki i mieszaj na małym ogniu przez 3 minuty. Mąkę kukurydzianą i wodę zmiksować na pastę, wymieszać na patelni i gotować na wolnym ogniu, mieszając, aż sos zgęstnieje. Umieść tofu z powrotem na patelni i gotuj, aż się rozgrzeje.

Krewetki Z Pomidorami

Dla 4 osób

2 białka jaj

30 ml / 2 łyżki mąki kukurydzianej (skrobia kukurydziana)

5 ml / 1 łyżeczka soli

450 g obranych krewetek

olej do smażenia

30ml / 2 łyżki wina ryżowego lub wytrawnego sherry

225 g pomidorów, obranych ze skórki, pozbawionych nasion i posiekanych

Wymieszaj białka, skrobię kukurydzianą i sól. Wmieszaj krewetki, aż dobrze się pokryją. Rozgrzej olej i smaż krewetki, aż będą ugotowane. Wlać wszystko oprócz 15 ml/1 łyżkę oleju i podgrzać. Dodaj wino lub sherry i pomidory i zagotuj. Dodać krewetki i szybko podgrzać przed podaniem.

Krewetki z sosem pomidorowym

Dla 4 osób

30 ml / 2 łyżki oleju arachidowego
1 ząbek czosnku, rozgnieciony
2 plasterki korzenia imbiru, posiekane
2,5 ml / ¬Ω łyżeczki soli
15 ml / 1 łyżka wina ryżowego lub wytrawnego sherry
15 ml / 1 łyżka sosu sojowego
6 ml / 4 łyżki ketchupu pomidorowego (catsup)
120 ml / 4 fl oz / ¬Ω szklanki bulionu rybnego
350 g obranych krewetek
10 ml / 2 łyżeczki mąki kukurydzianej (skrobi kukurydzianej)
30 ml / 2 łyżki wody

Rozgrzej olej i smaż czosnek, imbir i sól przez 2 minuty. Dodaj wino lub sherry, sos sojowy, ketchup i bulion i zagotuj. Dodaj krewetki, przykryj i gotuj na wolnym ogniu przez 2 minuty. Wymieszaj mąkę kukurydzianą i wodę na pastę, wymieszaj na patelni i gotuj na wolnym ogniu, mieszając, aż sos stanie się klarowny i zgęstnieje.

Krewetki z sosem pomidorowym i chilli

Dla 4 osób

60 ml / 4 łyżki oleju arachidowego
15 ml / 1 łyżka mielonego imbiru
15 ml / 1 łyżka rozgniecionego czosnku
15 ml / 1 łyżka posiekanej dymki
60 ml / 4 łyżki przecieru pomidorowego√ © e (makaron)
15 ml / 1 łyżka sosu chilli
450 g obranych krewetek
15 ml / 1 łyżka mąki kukurydzianej (skrobi kukurydzianej)
15 ml / 1 łyżka wody

Rozgrzej olej i smaż imbir, czosnek i dymkę przez 1 minutę. Dodaj przecier pomidorowy i sos chilli i dobrze wymieszaj. Dodać krewetki i smażyć mieszając przez 2 minuty. Zmieszaj mąkę kukurydzianą i wodę na pastę, zamieszaj na patelni i gotuj na wolnym ogniu, aż sos zgęstnieje. Natychmiast podawaj.

Smażone krewetki z sosem pomidorowym

Dla 4 osób

50 g / 2 uncje / ¬Ω szklanki mąki pszennej (uniwersalnej)
2,5 ml / ¬Ω łyżeczki soli
1 jajko, lekko ubite
30 ml / 2 łyżki wody
450 g obranych krewetek
olej do smażenia
30 ml / 2 łyżki oleju arachidowego
1 cebula, drobno posiekana
2 plasterki korzenia imbiru, posiekane
75 ml / 5 łyżek ketchupu pomidorowego (catsup)
10 ml / 2 łyżeczki mąki kukurydzianej (skrobi kukurydzianej)
30 ml / 2 łyżki wody

Wymieszaj mąkę, sól, jajko i wodę, aby uzyskać ciasto, w razie potrzeby dodając trochę więcej wody. Wmieszaj krewetki, aż dobrze się pokryją. Rozgrzej olej i smaż krewetki przez kilka minut, aż będą chrupiące i złocistobrązowe. Osączyć na chłonnym papierze.

W międzyczasie rozgrzej olej i podsmaż cebulę i imbir, aż zmiękną. Dodaj ketchup i gotuj przez 3 minuty. Mąkę kukurydzianą i wodę wymieszać na pastę, wymieszać na patelni i gotować mieszając, aż sos zgęstnieje. Dodaj krewetki na patelnię i gotuj na wolnym ogniu, aż się rozgrzeją. Natychmiast podawaj.

Krewetki Z Warzywami

Dla 4 osób

15 ml / 1 łyżka oleju arachidowego

225 g różyczek brokuła

225 g pieczarek

225 g pędów bambusa, pokrojonych w plastry

450 g obranych krewetek

120 ml / 4 fl oz / ½ szklanki bulionu z kurczaka

5 ml / 1 łyżeczka mąki kukurydzianej (skrobi kukurydzianej)

5 ml / 1 łyżeczka sosu ostrygowego

2,5 ml / ½ łyżeczki cukru

2,5 ml / ½ łyżeczki startego korzenia imbiru

szczypta świeżo zmielonego pieprzu

Rozgrzej olej i smaż brokuły przez 1 minutę. Dodać grzyby i pędy bambusa i smażyć mieszając przez 2 minuty. Dodać krewetki i smażyć mieszając przez 2 minuty. Wymieszaj pozostałe składniki i dodaj je do mieszanki krewetek. Doprowadzić do wrzenia, mieszając, a następnie gotować na wolnym ogniu przez 1 minutę, ciągle mieszając.

Krewetki Z Wodnymi Kasztanami

Dla 4 osób

60 ml / 4 łyżki oleju arachidowego
1 ząbek czosnku, posiekany
1 plasterek korzenia imbiru, posiekany
450 g obranych krewetek
30 ml / 2 łyżki wina ryżowego lub wytrawnego sherry 225 g
kasztanów wodnych, pokrojonych w plasterki
30 ml / 2 łyżki sosu sojowego
15 ml / 1 łyżka mąki kukurydzianej (skrobi kukurydzianej)
45 ml / 3 łyżki wody

Rozgrzej olej i smaż czosnek i imbir, aż się lekko zrumienią. Dodać krewetki i smażyć mieszając przez 1 minutę. Dodaj wino lub sherry i dobrze wymieszaj. Dodać kasztany wodne i smażyć mieszając przez 5 minut. Dodać pozostałe składniki i smażyć mieszając przez 2 minuty.

Pierogi z Krewetkami

Dla 4 osób

450 g obranych krewetek, posiekanych

225 g mieszanej zieleniny, posiekanej

15 ml / 1 łyżka sosu sojowego

2,5 ml / ¬Ω łyżeczki soli

kilka kropli oleju sezamowego

40 skór wontonów

olej do smażenia

Wymieszaj krewetki, warzywa, sos sojowy, sól i olej sezamowy.

Aby złożyć wontony, chwyć skórkę w lewą dłoń i wlej trochę nadzienia do środka. Zwilżyć brzegi jajkiem i złożyć skórkę w trójkąt, sklejając brzegi. Nasmaruj rogi jajkiem i skręć je razem.

Rozgrzej olej i smaż po kilka wontonów na złoty kolor. Dobrze odcedź przed podaniem.

Abalone z kurczakiem

Dla 4 osób

400 g / 14 uncji uchowca z puszki
30 ml / 2 łyżki oleju arachidowego
100 g piersi z kurczaka, pokrojonej w kostkę
100 g pędów bambusa, pokrojonych w plasterki
250 ml / 8 uncji / 1 szklanka bulionu rybnego
15 ml / 1 łyżka wina ryżowego lub wytrawnego sherry
5 ml / 1 łyżeczka cukru
2,5 ml / ¬Ω łyżeczki soli
15 ml / 1 łyżka mąki kukurydzianej (skrobi kukurydzianej)
45 ml / 3 łyżki wody

Odcedź i pokrój uchowca, zachowując sok. Rozgrzać olej i smażyć kurczaka, mieszając, aż lekko się zarumieni. Dodać uchowca i pędy bambusa i smażyć mieszając przez 1 minutę. Dodaj płyn z abalone, bulion, wino lub sherry, cukier i sól, zagotuj i gotuj na wolnym ogniu przez 2 minuty. Wymieszaj mąkę kukurydzianą i wodę na pastę i gotuj na wolnym ogniu, mieszając, aż sos stanie się klarowny i zgęstnieje. Natychmiast podawaj.

Abalone ze szparagami

Dla 4 osób

10 suszonych grzybów chińskich

30 ml / 2 łyżki oleju arachidowego

15 ml / 1 łyżka wody

225 g szparagów

2,5 ml / ¬Ω łyżeczki sosu rybnego

15 ml / 1 łyżka mąki kukurydzianej (skrobi kukurydzianej)

225 g uchowca z puszki, pokrojonego

60 ml / 4 łyżki bulionu

¬Ω mała marchewka pokrojona w plasterki

5 ml / 1 łyżeczka sosu sojowego

5 ml / 1 łyżeczka sosu ostrygowego

5 ml / 1 łyżeczka wina ryżowego lub wytrawnego sherry

Grzyby moczymy przez 30 minut w ciepłej wodzie, następnie odcedzamy. Usuń łodygi. Podgrzej 15 ml / 1 łyżkę oleju z wodą i smaż kapelusze pieczarek przez 10 minut. W międzyczasie ugotować szparagi we wrzątku z sosem rybnym i 5 ml/1 łyżeczka mąki kukurydzianej do miękkości. Dobrze je odsącz i ułóż na gorącym talerzu razem z grzybami. Trzymaj je ciepło. Podgrzej pozostały olej i podsmaż uchowca przez kilka sekund, następnie dodaj bulion, marchewkę, sos sojowy, sos ostrygowy, wino lub sherry i pozostałą mąkę kukurydzianą. Gotuj przez około 5 minut, aż się ugotuje, a następnie nałóż łyżkę na szparagi i podawaj.

Abalone z grzybami

Dla 4 osób

6 suszonych grzybów chińskich
400 g / 14 uncji uchowca z puszki
45 ml / 3 łyżki oleju arachidowego
2,5 ml / ¬Ω łyżeczki soli
15 ml / 1 łyżka wina ryżowego lub wytrawnego sherry
3 dymki (szalotka), pokrojone w grube plastry

Grzyby moczymy przez 30 minut w ciepłej wodzie, następnie odcedzamy. Usuń łodygi i pokrój kapelusze. Odcedź i pokrój uchowca, zachowując sok. Rozgrzej olej i smaż sól i grzyby przez 2 minuty. Dodaj płynny uchowiec i sherry, zagotuj, przykryj i gotuj na wolnym ogniu przez 3 minuty. Dodaj uchowca i dymkę i gotuj na wolnym ogniu, aż się zagrzeje. Natychmiast podawaj.

Abalone z sosem ostrygowym

Dla 4 osób

400 g / 14 uncji uchowca z puszki
15 ml / 1 łyżka mąki kukurydzianej (skrobi kukurydzianej)
15 ml / 1 łyżka sosu sojowego
45 ml / 3 łyżki sosu ostrygowego
30 ml / 2 łyżki oleju arachidowego
50 g szynki wędzonej, mielonej

Odcedź puszkę uchowca i zachowaj 90 ml/6 łyżek płynu. Wymieszaj to z mąką kukurydzianą, sosem sojowym i sosem ostrygowym. Rozgrzać olej i smażyć odsączonego uchowca przez 1 minutę, mieszając. Wmieszaj mieszankę salsy i gotuj na wolnym ogniu, mieszając, około 1 minuty, aż się rozgrzeje. Przełożyć na ciepły półmisek i podawać udekorowane szynką.

małże gotowane na parze

Dla 4 osób

24 małże

Dobrze natrzyj małże i mocz je w osolonej wodzie przez kilka godzin. Opłucz pod bieżącą wodą i ułóż na niskiej blasze do pieczenia. Umieścić na stojaku w naczyniu do gotowania na parze, przykryć i gotować na parze nad wrzącą wodą przez około 10 minut, aż wszystkie małże się otworzą. Odrzuć te, które pozostają zamknięte. Podawać z sosami.

Małże z kiełkami fasoli

Dla 4 osób

24 małże
15 ml / 1 łyżka oleju arachidowego
150 g kiełków fasoli
1 zielona papryka, pokrojona w paski
2 dymki (szalotka), posiekane
15 ml / 1 łyżka wina ryżowego lub wytrawnego sherry
sól i świeżo zmielony pieprz
2,5 ml / ¬Ω łyżeczki oleju sezamowego
50 g szynki wędzonej, mielonej

Dobrze natrzyj małże i mocz je w osolonej wodzie przez kilka godzin. Opłucz pod bieżącą wodą. Zagotuj wodę w garnku, dodaj małże i gotuj na wolnym ogniu przez kilka minut, aż się otworzą. Odcedź i wyrzuć te, które pozostały zamknięte. Wyjmij małże z muszli.

Rozgrzać olej i smażyć kiełki fasoli przez 1 minutę. Dodaj paprykę i dymkę i smaż przez 2 minuty. Dodać wino lub sherry, doprawić solą i pieprzem. Podgrzej, a następnie włącz małże i mieszaj, aż będą dobrze wymieszane i podgrzane. Przełożyć na ciepły talerz i podawać posypany olejem sezamowym i prosciutto.

Małże Z Imbirem I Czosnkiem

Dla 4 osób

24 małże

15 ml / 1 łyżka oleju arachidowego

2 plasterki korzenia imbiru, posiekane

2 ząbki czosnku, zmiażdżone

15 ml / 1 łyżka wody

5 ml / 1 łyżeczka oleju sezamowego

sól i świeżo zmielony pieprz

Dobrze natrzyj małże i mocz je w osolonej wodzie przez kilka godzin. Opłucz pod bieżącą wodą. Rozgrzej olej i smaż imbir i czosnek przez 30 sekund. Dodaj małże, wodę i olej sezamowy, przykryj i gotuj przez około 5 minut, aż małże się otworzą. Odrzuć te, które pozostają zamknięte. Lekko doprawiamy solą i pieprzem i od razu podajemy.

Smażone małże

Dla 4 osób

24 małże

60 ml / 4 łyżki oleju arachidowego

4 ząbki czosnku, posiekane

1 cebula, posiekana

2,5 ml / ¬Ω łyżeczki soli

Dobrze natrzyj małże i mocz je w osolonej wodzie przez kilka godzin. Opłucz pod bieżącą wodą i osusz. Rozgrzej olej i smaż czosnek, cebulę i sól, aż zmiękną. Dodaj małże, przykryj i gotuj na wolnym ogniu przez około 5 minut, aż wszystkie muszle się otworzą. Odrzuć te, które pozostają zamknięte. Delikatnie smażymy przez kolejną minutę, polewając olejem.

Ciasteczka krabowe

Dla 4 osób

225 g kiełków fasoli

60 ml / 4 łyżki oleju z orzeszków ziemnych 100 g pędy bambusa pokrojone w paski

1 cebula, posiekana

225 g mięsa kraba, płatków

4 jajka, lekko ubite

15 ml / 1 łyżka mąki kukurydzianej (skrobi kukurydzianej)

30 ml / 2 łyżki sosu sojowego

sól i świeżo zmielony pieprz

Blanszuj kiełki fasoli we wrzącej wodzie przez 4 minuty, a następnie odcedź. Rozgrzej połowę oleju i podsmaż kiełki fasoli, pędy bambusa i cebulę, aż zmiękną. Zdjąć z ognia i dodać pozostałe składniki oprócz oleju. Rozgrzej pozostały olej na czystej patelni i smaż łyżki mieszanki mięsa kraba, aby zrobić małe placki. Smażymy do lekkiego zarumienienia z obu stron, po czym od razu podajemy.

Krem z Kraba

Dla 4 osób

225 g mięsa kraba
5 jajek, ubite
1 cebula dymka (szalotka) drobno posiekana
250 ml / 8 uncji / 1 szklanka wody
5 ml / 1 łyżeczka soli
5 ml / 1 łyżeczka oleju sezamowego

Wszystkie składniki dobrze wymieszać. Umieść w misce, przykryj i odstaw na podwójny bojler nad gorącą wodą lub stojak do gotowania na parze. Gotować na parze przez około 35 minut do uzyskania konsystencji budyniu, od czasu do czasu mieszając. Podawać z ryżem.

Mięso kraba z chińskimi liśćmi

Dla 4 osób

450 g / 1 lb Chińskie liście, rozdrobnione
45 ml / 3 łyżki oleju roślinnego
2 dymki (szalotka), posiekane
225 g mięsa kraba
15 ml / 1 łyżka sosu sojowego
15 ml / 1 łyżka wina ryżowego lub wytrawnego sherry
5 ml / 1 łyżeczka soli

Blanszuj chińskie liście we wrzącej wodzie przez 2 minuty, następnie dokładnie je odsącz i opłucz zimną wodą. Rozgrzej olej i smaż cebulę, aż się lekko zrumieni. Dodać mięso kraba i smażyć mieszając przez 2 minuty. Dodać chińskie liście i smażyć mieszając przez 4 minuty. Dodać sos sojowy, wino lub sherry oraz sól i dobrze wymieszać. Dodaj bulion i mąkę kukurydzianą, zagotuj i gotuj, mieszając, przez 2 minuty, aż sos zgęstnieje.

Krab Foo Yung z kiełkami fasoli

Dla 4 osób

6 jaj, ubitych

45 ml / 3 łyżki mąki kukurydzianej (skrobia kukurydziana)

225 g mięsa kraba

100 g kiełków fasoli

2 dymki (szalotka), drobno posiekane

2,5 ml / ½ łyżeczki soli

45 ml / 3 łyżki oleju arachidowego

Ubij jajka, a następnie dodaj mąkę kukurydzianą. Pozostałe składniki poza olejem wymieszać. Rozgrzej olej i stopniowo wlewaj mieszaninę na patelnię, aby uzyskać małe naleśniki o średnicy około 7,5 cm. Smaż na złoty kolor od spodu, następnie przewróć i zrumień z drugiej strony.

Krab imbirowy

Dla 4 osób

15 ml / 1 łyżka oleju arachidowego
2 plasterki posiekanego korzenia imbiru
4 dymki (szalotka), posiekane
3 ząbki czosnku, zmiażdżone
1 czerwona papryka, posiekana
350g mięsa kraba, płatków
2,5 ml / ¬Ω łyżeczki pasty rybnej
2,5 ml / ¬Ω łyżeczki oleju sezamowego
15 ml / 1 łyżka wina ryżowego lub wytrawnego sherry
5 ml / 1 łyżeczka mąki kukurydzianej (skrobi kukurydzianej)
15 ml / 1 łyżka wody

Rozgrzej olej i smaż imbir, dymkę, czosnek i chilli przez 2 minuty. Dodaj mięso kraba i mieszaj, aż dobrze pokryje się przyprawami. Dodaj pastę rybną. Wymieszaj pozostałe składniki na pastę, następnie wmieszaj je na patelnię i smaż przez 1 minutę, mieszając. Natychmiast podawaj.

Krab Lo Mein

Dla 4 osób

100 g kiełków fasoli

30 ml / 2 łyżki oleju arachidowego

5 ml / 1 łyżeczka soli

1 cebula, pokrojona

100 g pieczarek pokrojonych w plasterki

225 g mięsa kraba, płatków

100 g pędów bambusa, pokrojonych w plasterki

Makaron Rzucony

30 ml / 2 łyżki sosu sojowego

5 ml / 1 łyżeczka cukru

5 ml / 1 łyżeczka oleju sezamowego

sól i świeżo zmielony pieprz

Blanszuj kiełki fasoli we wrzącej wodzie przez 5 minut, a następnie odcedź. Rozgrzej olej i smaż sól i cebulę, aż zmiękną. Dodać pieczarki i smażyć mieszając, aż zmiękną. Dodać mięso kraba i smażyć mieszając przez 2 minuty. Dodać kiełki fasoli i pędy bambusa i smażyć mieszając przez 1 minutę. Dodaj odsączony makaron na patelnię i delikatnie wymieszaj. Wymieszaj sos sojowy, cukier i olej sezamowy, dopraw solą i pieprzem. Mieszaj patelnię, aż się rozgrzeje.

Krab smażony z wieprzowiną

Dla 4 osób

30 ml / 2 łyżki oleju arachidowego
100 g mielonej wieprzowiny (mielonej)
350g mięsa kraba, płatków
2 plasterki korzenia imbiru, posiekane
2 jajka, lekko ubite
15 ml / 1 łyżka sosu sojowego
15 ml / 1 łyżka wina ryżowego lub wytrawnego sherry
30 ml / 2 łyżki wody
sól i świeżo zmielony pieprz
4 dymki (szalotka), pokrojone w paski

Rozgrzej olej i smaż wieprzowinę, mieszając, aż lekko się zarumieni. Dodać mięso kraba i imbir i smażyć mieszając przez 1 minutę. Wprowadź jajka. Dodaj sos sojowy, wino lub sherry, wodę, sól i pieprz i gotuj na wolnym ogniu przez około 4 minuty, mieszając. Podawać udekorowane dymką.

Smażone mięso kraba

Dla 4 osób

30 ml / 2 łyżki oleju arachidowego
450 g mięsa kraba, płatków
2 dymki (szalotka), posiekane
2 plasterki korzenia imbiru, posiekane
30 ml / 2 łyżki sosu sojowego
30ml / 2 łyżki wina ryżowego lub wytrawnego sherry
2,5 ml / ¬Ω łyżeczki soli
15 ml / 1 łyżka mąki kukurydzianej (skrobi kukurydzianej)
60 ml / 4 łyżki wody

Rozgrzej olej i smaż mięso kraba, dymkę i imbir przez 1 minutę. Dodaj sos sojowy, wino lub sherry i sól, przykryj i gotuj na wolnym ogniu przez 3 minuty. Wymieszaj mąkę kukurydzianą i wodę na pastę, wymieszaj na patelni i gotuj na wolnym ogniu, mieszając, aż sos stanie się klarowny i zgęstnieje.

Smażone klopsiki z mątwy

Dla 4 osób

450 g mątwy

50 g smalcu, rozgniecionego

1 białko jajka

2,5 ml / ¬Ω łyżeczki cukru

2,5 ml / ¬Ω łyżeczki mąki kukurydzianej (skrobi kukurydzianej)

sól i świeżo zmielony pieprz

olej do smażenia

Pokrój mątwy i rozgnieć je lub zredukuj na miąższ. Wrzucić smalec, białko jaja, cukier i mąkę kukurydzianą, doprawić solą i pieprzem. Wciśnij mieszaninę w kulki. Rozgrzej olej i smaż kulki z mątwy, w razie potrzeby więcej, aż unoszą się na oleju i nabiorą złocistego koloru. Dobrze odcedź i natychmiast podawaj.

Homar po kantońsku

Dla 4 osób

2 homary

30 ml / 2 łyżki oleju

15 ml / 1 łyżka sosu z czarnej fasoli

1 ząbek czosnku, rozgnieciony

1 cebula, posiekana

225 g mielonej wieprzowiny (mielonej)

45 ml / 3 łyżki sosu sojowego

5 ml / 1 łyżeczka cukru

sól i świeżo zmielony pieprz

15 ml / 1 łyżka mąki kukurydzianej (skrobi kukurydzianej)

75 ml / 5 łyżek wody

1 jajko, ubite

Rozbij homary, wyjmij mięso i pokrój w kostkę 2,5 cm / 1. Rozgrzej olej i podsmaż sos z czarnej fasoli, czosnek i cebulę, aż się lekko zrumienią. Dodaj wieprzowinę i smaż, aż się zrumieni. Dodaj sos sojowy, cukier, sól, pieprz i homara, przykryj i gotuj na wolnym ogniu przez około 10 minut. Zmieszaj mąkę kukurydzianą i wodę na pastę, wlej do rondla i gotuj na wolnym ogniu, mieszając, aż sos stanie się klarowny i zgęstnieje. Wyłącz ogień i przed podaniem wbij jajko.

Smażony homar

Dla 4 osób

450 g / 1 funt mięsa homara

30 ml / 2 łyżki sosu sojowego

5 ml / 1 łyżeczka cukru

1 jajko, ubite

30 ml/3 łyżki mąki pszennej (uniwersalnej)

olej do smażenia

Mięso homara pokroić w kostkę 2,5 cm / 1 i doprawić sosem sojowym i cukrem. Odstaw na 15 minut, a następnie odcedź. Ubij jajko i mąkę, a następnie dodaj homara i dobrze wymieszaj, aby pokryć. Rozgrzać olej i smażyć homara na złoty kolor. Przed podaniem odsączyć na chłonnym papierze.

Homar na parze z szynką

Dla 4 osób

4 jajka, lekko ubite
60 ml / 4 łyżki wody
5 ml / 1 łyżeczka soli
15 ml / 1 łyżka sosu sojowego
450 g/1 lb mięsa homara, płatków
15 ml / 1 łyżka siekanej wędzonej szynki
15 ml / 1 łyżka posiekanej świeżej pietruszki

Ubij jajka z wodą, solą i sosem sojowym. Przełożyć do naczynia żaroodpornego i posypać mięsem homara. Umieść miskę na stojaku w parowniku, przykryj i gotuj na parze przez 20 minut, aż jajka się zetną. Podawać udekorowane szynką i pietruszką.

Homar Z Pieczarkami

Dla 4 osób

450 g / 1 funt mięsa homara
15 ml / 1 łyżka mąki kukurydzianej (skrobi kukurydzianej)

60 ml / 4 łyżki wody
30 ml / 2 łyżki oleju arachidowego
4 dymki (szalotka), pokrojone w grube plastry
100 g pieczarek pokrojonych w plasterki
2,5 ml / ¬Ω łyżeczki soli
1 ząbek czosnku, rozgnieciony
30 ml / 2 łyżki sosu sojowego
15 ml / 1 łyżka wina ryżowego lub wytrawnego sherry

Mięso homara pokroić w kostkę 2,5 cm/1. Zmieszaj mąkę kukurydzianą i wodę w pastę i wymieszaj kostki homara w mieszance, aby pokryć. Rozgrzej połowę oleju i smaż kostki homara, aż lekko się zrumienią po zdjęciu ich z patelni. Rozgrzej pozostały olej i smaż cebulę, aż się lekko zrumieni. Dodać pieczarki i smażyć mieszając przez 3 minuty. Dodać sól, czosnek, sos sojowy i wino lub sherry i smażyć mieszając przez 2 minuty. Umieść homara z powrotem na patelni i smaż, mieszając, aż się rozgrzeje.

Ogony homara z wieprzowiną

Dla 4 osób
3 suszone grzyby chińskie
4 ogony homara
60 ml / 4 łyżki oleju arachidowego

100 g mielonej wieprzowiny (mielonej)
50 g kasztanów wodnych, drobno posiekanych
sól i świeżo zmielony pieprz
2 ząbki czosnku, zmiażdżone
45 ml / 3 łyżki sosu sojowego
30ml / 2 łyżki wina ryżowego lub wytrawnego sherry
30 ml / 2 łyżki sosu z czarnej fasoli
10 ml / 2 łyżki mąki kukurydzianej (skrobia kukurydziana)
120 ml / 4 fl oz / ¬Ω szklanki wody

Grzyby moczymy przez 30 minut w ciepłej wodzie, następnie odcedzamy. Usuń łodygi i posiekaj kapelusze. Przetnij ogony homara na pół wzdłuż. Usuń mięso z ogonów homarów, zachowując muszle. Rozgrzej połowę oleju i smaż wieprzowinę, aż się lekko zarumieni. Zdejmij z ognia i dodaj grzyby, mięso homara, kasztany wodne, sól i pieprz. Mięso wcisnąć w muszle homara i ułożyć w żaroodpornym naczyniu. Umieść na stojaku w naczyniu do gotowania na parze, przykryj i gotuj na parze przez około 20 minut, aż się ugotuje. W międzyczasie rozgrzej pozostały olej i podsmaż czosnek, sos sojowy, wino lub sherry i sos z czarnej fasoli przez 2 minuty. Wymieszaj mąkę kukurydzianą i wodę, aż uzyskasz pastę, wlewamy na patelnię i gotujemy, mieszając, aż sos zgęstnieje. Ułóż homara na gorącym talerzu, polej sosem i natychmiast podawaj.

Homar smażony na patelni

Dla 4 osób

450 g / 1 funt ogonów homara
30 ml / 2 łyżki oleju arachidowego
1 ząbek czosnku, rozgnieciony
2,5 ml / ¬Ω łyżeczki soli
350 g kiełków fasoli
50 g pieczarek
4 dymki (szalotka), pokrojone w grube plastry
150 ml / ¬° pt / hojny ¬Ω kubek bulionu drobiowego
15 ml / 1 łyżka mąki kukurydzianej (skrobi kukurydzianej)

Zagotuj wodę w garnku, dodaj ogony homara i gotuj przez 1 minutę. Odcedzić, ostudzić, zdjąć skorupkę i pokroić w grube plastry. Rozgrzej oliwę z czosnkiem i solą i smaż, aż czosnek się lekko zrumieni. Dodać homara i smażyć mieszając przez 1 minutę. Dodać kiełki fasoli i grzyby i smażyć mieszając przez 1 minutę. Wmieszaj dymkę. Dodaj większość bulionu, zagotuj, przykryj i gotuj przez 3 minuty. Wymieszaj mąkę kukurydzianą z pozostałym bulionem, wlej na patelnię i gotuj na wolnym ogniu, mieszając, aż sos stanie się klarowny i zgęstnieje.

gniazda homarów

Dla 4 osób

30 ml / 2 łyżki oleju arachidowego
5 ml / 1 łyżeczka soli
1 cebula, cienko pokrojona
100 g pieczarek pokrojonych w plasterki
100g pędów bambusa, 225g pokrojonego gotowanego homara
15 ml / 1 łyżka wina ryżowego lub wytrawnego sherry
120 ml / 4 fl oz / ¬Ω szklanki bulionu z kurczaka
szczypta świeżo zmielonego pieprzu
10 ml / 2 łyżeczki mąki kukurydzianej (skrobi kukurydzianej)
15 ml / 1 łyżka wody
4 koszyczki makaronu

Rozgrzej olej i smaż sól i cebulę, aż zmiękną. Dodać grzyby i pędy bambusa i smażyć mieszając przez 2 minuty. Dodaj mięso homara, wino lub sherry i bulion, zagotuj, przykryj i gotuj przez 2 minuty. Doprawić pieprzem. Mąkę kukurydzianą i wodę wymieszać na pastę, wymieszać na patelni i gotować mieszając, aż sos zgęstnieje. Ułóż gniazda makaronu na ciepłym półmisku i udekoruj smażonym homarem.

Małże w sosie z czarnej fasoli

Dla 4 osób

45 ml / 3 łyżki oleju arachidowego
2 ząbki czosnku, zmiażdżone
2 plasterki korzenia imbiru, posiekane
30 ml / 2 łyżki sosu z czarnej fasoli
15 ml / 1 łyżka sosu sojowego
1,5 kg małży, wyszorowanych i brodatych
2 dymki (szalotka), posiekane

Rozgrzej olej i smaż czosnek i imbir przez 30 sekund. Dodaj sos z czarnej fasoli i sos sojowy i smaż przez 10 sekund. Dodaj małże, przykryj i gotuj przez około 6 minut, aż małże się otworzą. Odrzuć te, które pozostają zamknięte. Przełożyć na ciepły talerz i podawać posypane dymką.

Małże z imbirem

Dla 4 osób

45 ml / 3 łyżki oleju arachidowego
2 ząbki czosnku, zmiażdżone
4 plastry korzenia imbiru, posiekane
1,5 kg małży, wyszorowanych i brodatych
45 ml / 3 łyżki wody
15 ml / 1 łyżka sosu ostrygowego

Rozgrzej olej i smaż czosnek i imbir przez 30 sekund. Dodaj małże i wodę, przykryj i gotuj przez około 6 minut, aż małże się otworzą. Odrzuć te, które pozostają zamknięte. Przełożyć na ciepły talerz i podawać polane sosem ostrygowym.

Małże Na Parze

Dla 4 osób

1,5 kg małży, wyszorowanych i brodatych
45 ml / 3 łyżki sosu sojowego
3 dymki (szalotka), drobno posiekane

Ułóż małże na ruszcie w naczyniu do gotowania na parze, przykryj i gotuj na parze nad wrzącą wodą przez około 10 minut, aż wszystkie małże się otworzą. Odrzuć te, które pozostają zamknięte. Przełożyć na ciepły talerz i podawać polane sosem sojowym i dymką.

Smażone ostrygi

Dla 4 osób

24 ostrygi bez skorupek
sól i świeżo zmielony pieprz
1 jajko, ubite
50 g / 2 uncje / ¬Ω szklanki mąki pszennej (uniwersalnej)
250 ml / 8 uncji / 1 szklanka wody
olej do smażenia
4 dymki (szalotka), posiekane

Posyp ostrygi solą i pieprzem. Ubij jajko z mąką i wodą, aż uzyskasz ciasto, którym posmarujesz ostrygi. Rozgrzej olej i smaż ostrygi na złoty kolor. Odsączyć na chłonnym papierze i podawać udekorowane dymką.

Ostrygi Z Bekonem

Dla 4 osób

175 g boczku

24 ostrygi bez skorupek

1 jajko, lekko ubite

15 ml / 1 łyżka wody

45 ml / 3 łyżki oleju arachidowego

2 cebule, posiekane

15 ml / 1 łyżka mąki kukurydzianej (skrobi kukurydzianej)

15 ml / 1 łyżka sosu sojowego

90 ml / 6 łyżek bulionu z kurczaka

Pokrój boczek na kawałki i zawiń kawałek wokół każdej ostrygi. Ubij jajko z wodą, a następnie zanurz je w ostrygach, aby się pokryły. Rozgrzej połowę oleju i smaż ostrygi, aż będą lekko rumiane z obu stron, następnie zdejmij je z patelni i odsącz z tłuszczu. Rozgrzej pozostały olej i smaż cebulę, aż się zeszkli. Wymieszaj mąkę kukurydzianą, sos sojowy i bulion na pastę, wlej na patelnię i gotuj na wolnym ogniu, mieszając, aż sos stanie się klarowny i zgęstnieje. Polej ostrygi i od razu podawaj.

Smażone ostrygi z imbirem

Dla 4 osób

24 ostrygi bez skorupek
2 plasterki korzenia imbiru, posiekane
30 ml / 2 łyżki sosu sojowego
15 ml / 1 łyżka wina ryżowego lub wytrawnego sherry
4 dymki (szalotka), pokrojone w paski
100 g boczku
1 jajko
50 g / 2 uncje / ½ szklanki mąki pszennej (uniwersalnej)
sól i świeżo zmielony pieprz
olej do smażenia
1 cytryna, pokrojona w kliny

Włóż ostrygi do miski z imbirem, sosem sojowym i winem lub sherry i dobrze wymieszaj, aby się pokryły. Pozostaw na 30 minut, aby odpoczęło. Na każdej ostrydze ułóż kilka pasków dymki. Pokrój boczek na kawałki i zawiń kawałek wokół każdej ostrygi. Jajko i mąkę ubić na puszystą masę, doprawić solą i pieprzem. Zanurz ostrygi w cieście, aż będą dobrze pokryte. Rozgrzej olej i smaż ostrygi na złoty kolor. Podawać udekorowane ćwiartkami cytryny.

Ostrygi z sosem z czarnej fasoli

Dla 4 osób

350 g ostryg bez muszli
120 ml / 4 fl oz / ½ szklanki oleju arachidowego
2 ząbki czosnku, zmiażdżone
3 dymki (szalotka), pokrojone w plasterki
15 ml / 1 łyżka sosu z czarnej fasoli
30 ml / 2 łyżki ciemnego sosu sojowego
15 ml / 1 łyżka oleju sezamowego
szczypta chilli w proszku

Blanszuj ostrygi we wrzącej wodzie przez 30 sekund, a następnie odcedź. Rozgrzej olej i smaż czosnek i dymkę przez 30 sekund. Dodaj sos z czarnej fasoli, sos sojowy, olej sezamowy i ostrygi i dopraw chili w proszku do smaku. Smażyć, aż się zagrzeje i natychmiast podawać.

Przegrzebki z pędami bambusa

Dla 4 osób

60 ml / 4 łyżki oleju arachidowego
6 cebul dymek (szallion), posiekanych
225 g pieczarek, pokrojonych w ćwiartki
15 ml / 1 łyżka cukru
450 g / 1 funt przegrzebków bez skorupek
2 plasterki posiekanego korzenia imbiru
225 g pędów bambusa, pokrojonych w plastry
sól i świeżo zmielony pieprz
300 ml / ¬Ω pt / 1 ¬° szklanki wody
30 ml / 2 łyżki octu winnego
30 ml / 2 łyżki mąki kukurydzianej (skrobia kukurydziana)
150 ml / ¬° pt / obfity ¬Ω kubek wody
45 ml / 3 łyżki sosu sojowego

Rozgrzać olej i smażyć dymkę i pieczarki przez 2 minuty. Dodaj cukier, przegrzebki, imbir, pędy bambusa, sól i pieprz, przykryj i gotuj przez 5 minut. Dodaj wodę i ocet winny, zagotuj, przykryj i gotuj przez 5 minut. Mąkę kukurydzianą i wodę zmiksować na pastę, wymieszać na patelni i gotować na wolnym ogniu, mieszając, aż sos zgęstnieje. Dopraw sosem sojowym i podawaj.

Przegrzebki z jajek

Dla 4 osób

45 ml / 3 łyżki oleju arachidowego
350 g obranych przegrzebków
25 g szynki wędzonej, mielonej
30ml / 2 łyżki wina ryżowego lub wytrawnego sherry
5 ml / 1 łyżeczka cukru
2,5 ml / ½ łyżeczki soli
szczypta świeżo zmielonego pieprzu
2 jajka, lekko ubite
15 ml / 1 łyżka sosu sojowego

Rozgrzej olej i smaż przegrzebki przez 30 sekund. Dodać szynkę i smażyć mieszając przez 1 minutę. Dodać wino lub sherry, cukier, sól i pieprz i smażyć mieszając przez 1 minutę. Dodaj jajka i delikatnie mieszaj na dużym ogniu, aż składniki dobrze pokryją się jajkiem. Podawać polane sosem sojowym.

Przegrzebki Z Brokułami

Dla 4 osób

350 g przegrzebków, pokrojonych w plastry

3 plastry korzenia imbiru, posiekane

¬Ω mała marchewka pokrojona w plasterki

1 ząbek czosnku, rozgnieciony

45 ml/3 łyżki mąki pszennej (uniwersalnej)

2,5 ml / ¬Ω łyżeczki sody oczyszczonej (sody oczyszczonej)

30 ml / 2 łyżki oleju arachidowego

15 ml / 1 łyżka wody

1 banan, pokrojony

olej do smażenia

275 g brokułów

sól

5 ml / 1 łyżeczka oleju sezamowego

2,5 ml / ¬Ω łyżeczki sosu chili

2,5 ml / ¬Ω łyżeczki octu winnego

2,5 ml / ¬Ω łyżeczka przecieru pomidorowego√ © e (makaron)

Przegrzebki wymieszać z imbirem, marchewką i czosnkiem i odstawić. Wymieszaj mąkę, sodę oczyszczoną, 15 ml/1 łyżkę oleju i wodę na pastę i posmaruj plasterki banana. Rozgrzej olej i usmaż banana na złoty kolor, następnie odsącz i ułóż wokół gorącego półmiska. W międzyczasie ugotować brokuły we wrzącej, osolonej wodzie do miękkości, następnie odcedzić. Resztę oleju rozgrzewamy z olejem sezamowym i krótko podsmażamy brokuły, po czym układamy je wokół talerza z bananami. Dodaj sos chili, ocet winny i koncentrat pomidorowy na patelnię i smaż przegrzebki, aż się ugotują. Wylej na talerz do serwowania i natychmiast podawaj.

Przegrzebki z imbirem

Dla 4 osób

45 ml / 3 łyżki oleju arachidowego
2,5 ml / ¬Ω łyżeczki soli
3 plastry korzenia imbiru, posiekane
2 dymki (szalotka), pokrojone w grube plastry
450 g / 1 funt przegrzebków bez skorup, przekrojonych na pół
15 ml / 1 łyżka mąki kukurydzianej (skrobi kukurydzianej)
60 ml / 4 łyżki wody

Rozgrzej olej i smaż sól i imbir przez 30 sekund. Dodać dymkę i smażyć, aż lekko się zarumieni. Dodać przegrzebki i smażyć mieszając przez 3 minuty. Wymieszaj mąkę kukurydzianą i wodę na pastę, dodaj do garnka i gotuj na wolnym ogniu, mieszając, aż zgęstnieje. Natychmiast podawaj.

Przegrzebki z szynki

Dla 4 osób

450 g / 1 funt przegrzebków bez skorup, przekrojonych na pół

250ml / 8 fl oz / 1 szklanka wina ryżowego lub wytrawnego sherry

1 cebula, drobno posiekana

2 plasterki korzenia imbiru, posiekane

2,5 ml / ¬Ω łyżeczki soli

100 g szynki wędzonej, mielonej

Umieść przegrzebki w misce i dodaj wino lub sherry. Przykryj i pozostaw do marynowania na 30 minut, obracając je od czasu do czasu, a następnie odsącz przegrzebki i wylej marynatę. Umieść przegrzebki w naczyniu do pieczenia z pozostałymi składnikami. Umieść naczynie na stojaku w naczyniu do gotowania na parze, przykryj i gotuj na parze nad gotującą się wodą przez około 6 minut, aż przegrzebki będą miękkie.

Jajecznica z przegrzebków z ziołami

Dla 4 osób

225 g obranych przegrzebków

30 ml / 2 łyżki posiekanej świeżej kolendry
4 ubite jajka
15 ml / 1 łyżka wina ryżowego lub wytrawnego sherry
sól i świeżo zmielony pieprz
15 ml / 1 łyżka oleju arachidowego

Umieść przegrzebki w parowarze i gotuj na parze przez około 3 minuty, aż się ugotują, w zależności od wielkości. Zdjąć z parowaru i posypać kolendrą. Ubij jajka z winem lub sherry i dopraw do smaku solą i pieprzem. Wmieszaj przegrzebki i kolendrę. Rozgrzej olej i smaż mieszankę jajek i przegrzebków, ciągle mieszając, aż jajka się zetną. Natychmiast podawaj.

Przegrzebki i cebula smażone

Dla 4 osób
45 ml / 3 łyżki oleju arachidowego
1 cebula, pokrojona

450 g przegrzebków bez skorupek, pokrojonych na ćwiartki
sól i świeżo zmielony pieprz
15 ml / 1 łyżka wina ryżowego lub wytrawnego sherry

Rozgrzej olej i smaż cebulę, aż się zeszkli. Dodać przegrzebki i smażyć mieszając, aż się lekko zrumienią. Dopraw solą i pieprzem, skrop winem lub sherry i natychmiast podawaj.

Przegrzebki z warzywami

Dla 4 osób 6

4 suszone grzyby chińskie
2 cebule

30 ml / 2 łyżki oleju arachidowego

3 łodygi selera, pokrojone ukośnie

225g fasolki szparagowej, pokrojonej po przekątnej

10 ml / 2 łyżeczki startego korzenia imbiru

1 ząbek czosnku, rozgnieciony

20 ml / 4 łyżeczki mąki kukurydzianej (skrobi kukurydzianej)

250 ml / 8 uncji / 1 szklanka bulionu z kurczaka

30ml / 2 łyżki wina ryżowego lub wytrawnego sherry

30 ml / 2 łyżki sosu sojowego

450 g przegrzebków bez skorupek, pokrojonych na ćwiartki

6 cebul dymek (szalotka), pokrojonych w plasterki

425 g kolb kukurydzy z puszki

Grzyby moczymy przez 30 minut w ciepłej wodzie, następnie odcedzamy. Usuń łodygi i pokrój kapelusze. Cebule kroimy w ósemki i rozdzielamy warstwy. Rozgrzej olej i smaż cebulę, seler, fasolę, imbir i czosnek przez 3 minuty. Zmieszaj mąkę kukurydzianą z odrobiną bulionu, następnie dodaj pozostały bulion, wino lub sherry i sos sojowy. Dodać do woka i zagotować mieszając. Dodaj grzyby, przegrzebki, dymkę i kukurydzę i smaż około 5 minut, aż przegrzebki będą miękkie.

Przegrzebki z papryką

Dla 4 osób

30 ml / 2 łyżki oleju arachidowego
3 dymki (szalotka), posiekane
1 ząbek czosnku, rozgnieciony
2 plasterki posiekanego korzenia imbiru
2 czerwone papryki, pokrojone w kostkę
450 g / 1 funt przegrzebków bez skorupek
30ml / 2 łyżki wina ryżowego lub wytrawnego sherry
15 ml / 1 łyżka sosu sojowego
15 ml / 1 łyżka sosu z żółtej fasoli
5 ml / 1 łyżeczka cukru
5 ml / 1 łyżeczka oleju sezamowego

Rozgrzej olej i smaż cebulę dymkę, czosnek i imbir przez 30 sekund. Dodać paprykę i smażyć mieszając przez 1 minutę. Dodaj przegrzebki i smaż przez 30 sekund, następnie dodaj pozostałe składniki i gotuj przez około 3 minuty, aż przegrzebki będą miękkie.

Kalmary z kiełkami fasoli

Dla 4 osób

450 g kalmarów

30 ml / 2 łyżki oleju arachidowego

15 ml / 1 łyżka wina ryżowego lub wytrawnego sherry

100 g kiełków fasoli

15 ml / 1 łyżka sosu sojowego

sól

1 czerwona papryka, posiekana

2 plasterki korzenia imbiru, posiekane

2 dymki (szalotka), posiekane

Usuń głowę, wnętrzności i błony z kałamarnicy i pokrój je na duże kawałki. Na każdym kawałku wytnij wzór na krzyż. Zagotuj wodę w garnku, dodaj kalmary i gotuj na wolnym ogniu, aż kawałki się zwiną, następnie wyjmij i odsącz. Rozgrzać połowę oleju i szybko podsmażyć kalmary. Polewamy winem lub sherry. W międzyczasie rozgrzać pozostały olej i smażyć kiełki fasoli, mieszając, do miękkości. Doprawiamy sosem sojowym i solą. Ułóż chili, imbir i dymkę wokół półmiska. Ułóż kiełki fasoli na środku i udekoruj kalmarami. Natychmiast podawaj.

Smażona kałamarnica

Dla 4 osób

50g mąki pszennej (uniwersalnej)
25 g / 1 uncja / ¬° szklanki mąki kukurydzianej (skrobi kukurydzianej)
2,5 ml / ¬Ω łyżeczki proszku do pieczenia
2,5 ml / ¬Ω łyżeczki soli
1 jajko
75 ml / 5 łyżek wody
15 ml / 1 łyżka oleju arachidowego
450 g kalmarów, pokrojonych w pierścienie
olej do smażenia

Wymieszaj mąkę, skrobię kukurydzianą, proszek do pieczenia, sól, jajko, wodę i olej, aby uzyskać ciasto. Zanurz kalmary w cieście, aż będą dobrze pokryte. Rozgrzej olej i smaż kalmary po kilka kawałków na raz na złoty kolor. Przed podaniem odsączyć na chłonnym papierze.

Paczki kalmarów

Dla 4 osób

8 suszonych grzybów chińskich
450 g kalmarów
100 g szynki wędzonej
100 g tofu
1 jajko, ubite
15ml/1 łyżka mąki pszennej (uniwersalnej)
2,5 ml / ¬Ω łyżeczki cukru
2,5 ml / ¬Ω łyżeczki oleju sezamowego
sól i świeżo zmielony pieprz
8 wontonowych skórek
olej do smażenia

Grzyby moczymy przez 30 minut w ciepłej wodzie, następnie odcedzamy. Usuń łodygi. Oczyść kalmary i pokrój je na 8 kawałków. Szynkę i tofu pokroić na 8 kawałków. Umieść je wszystkie w jednej misce. Jajko wymieszać z mąką, cukrem, olejem sezamowym, solą i pieprzem. Wlej składniki do miski i delikatnie wymieszaj. Ułóż kapelusz grzybowy i po kawałku kalmara, szynki i tofu tuż pod środkiem każdej wontonowej skórki. Zagnij dolny róg, zagnij boki, a następnie zwiń, zwilżając krawędzie wodą, aby uszczelnić. Rozgrzej olej i smaż pączki przez około 8 minut na złoty kolor. Dobrze odcedź przed podaniem.

Roladki Smażone Kalmary

Dla 4 osób

45 ml / 3 łyżki oleju arachidowego
225 g / 8 uncji krążków kalmarów
1 duża zielona papryka, pokrojona na kawałki
100 g pędów bambusa, pokrojonych w plasterki
2 dymki (szalotka), drobno posiekane
1 plaster korzenia imbiru, drobno posiekany
45 ml / 2 łyżki sosu sojowego
30ml / 2 łyżki wina ryżowego lub wytrawnego sherry
15 ml / 1 łyżka mąki kukurydzianej (skrobi kukurydzianej)
15 ml / 1 łyżka bulionu rybnego lub wody
5 ml / 1 łyżeczka cukru
5 ml / 1 łyżeczka octu winnego
5 ml / 1 łyżeczka oleju sezamowego
sól i świeżo zmielony pieprz

Podgrzej 15 ml/1 łyżkę oleju i szybko smaż krążki kalmarów, aż będą szczelnie zamknięte. W międzyczasie rozgrzej pozostały olej na osobnej patelni i smaż paprykę, pędy bambusa, dymkę i imbir przez 2 minuty. Dodać kalmary i smażyć mieszając przez 1 minutę. Dodać sos sojowy, wino lub sherry, mąkę kukurydzianą, bulion, cukier, ocet winny i olej sezamowy, doprawić solą i pieprzem. Smażyć, aż sos się wyklaruje i zgęstnieje.

Smażone kalmary

Dla 4 osób

45 ml / 3 łyżki oleju arachidowego
3 dymki (szalotka), pokrojone w grube plastry
2 plasterki korzenia imbiru, posiekane
450 g kalmarów, pokrojonych na kawałki
15 ml / 1 łyżka sosu sojowego
15 ml / 1 łyżka wina ryżowego lub wytrawnego sherry
5 ml / 1 łyżeczka mąki kukurydzianej (skrobi kukurydzianej)
15 ml / 1 łyżka wody

Rozgrzać olej i smażyć dymkę i imbir, aż zmiękną. Dodać kalmary i smażyć mieszając, aż pokryją się olejem. Dodaj sos sojowy i wino lub sherry, przykryj i gotuj na wolnym ogniu przez 2 minuty. Mąkę kukurydzianą i wodę wymieszać na pastę, dodać do garnka i gotować mieszając, aż sos zgęstnieje, a kalmary będą miękkie.

Kalmary Z Suszonymi Pieczarkami

Dla 4 osób

50 g suszonych grzybów chińskich
450g/1 lb krążki kalmarów
45 ml / 3 łyżki oleju arachidowego
45 ml / 3 łyżki sosu sojowego
2 dymki (szalotka), drobno posiekane
1 plasterek korzenia imbiru, posiekany
225 g pędów bambusa, pokrojonych w paski
30 ml / 2 łyżki mąki kukurydzianej (skrobia kukurydziana)
150 ml / ¬° pt / hojny ¬Ω kubek bulionu rybnego

Grzyby moczymy przez 30 minut w ciepłej wodzie, następnie odcedzamy. Odrzuć łodygi i pokrój kapelusze. Blanszuj krążki kalmarów przez kilka sekund we wrzącej wodzie. Rozgrzać olej, dodać grzyby, sos sojowy, dymkę i imbir i smażyć mieszając przez 2 minuty. Dodać kalmary i pędy bambusa i smażyć mieszając przez 2 minuty. Wymieszaj mąkę kukurydzianą i bulion i zamieszaj na patelni. Dusić, mieszając, aż sos się wyklaruje i zgęstnieje.

Kalmary z warzywami

Dla 4 osób

45 ml / 3 łyżki oleju arachidowego

1 cebula, pokrojona

5 ml / 1 łyżeczka soli

450 g kalmarów, pokrojonych na kawałki

100 g pędów bambusa, pokrojonych w plasterki

2 łodygi selera, pokrojone ukośnie

60 ml / 4 łyżki bulionu z kurczaka

5 ml / 1 łyżeczka cukru

100 g / 4 uncje groszku śnieżnego

5 ml / 1 łyżeczka mąki kukurydzianej (skrobi kukurydzianej)

15 ml / 1 łyżka wody

Rozgrzej olej i smaż cebulę i sól, aż się lekko zrumienią. Dodaj kalmary i smaż, aż pokryją się olejem. Dodać pędy bambusa i seler i smażyć mieszając przez 3 minuty. Dodaj bulion i cukier, zagotuj, przykryj i gotuj na wolnym ogniu przez 3 minuty, aż warzywa będą miękkie. Wmieszaj groszek śnieżny. Mąkę kukurydzianą i wodę wymieszać na pastę, wymieszać na patelni i gotować mieszając, aż sos zgęstnieje.

Duszona wołowina z anyżem

Dla 4 osób

30 ml / 2 łyżki oleju arachidowego
450 g / 1 lb stek z karkówki
1 ząbek czosnku, rozgnieciony
45 ml / 3 łyżki sosu sojowego
15 ml / 1 łyżka wody
15 ml / 1 łyżka wina ryżowego lub wytrawnego sherry
5 ml / 1 łyżeczka soli
5 ml / 1 łyżeczka cukru
2 goździki anyżu gwiazdkowego

Rozgrzej olej i smaż mięso ze wszystkich stron na złoty kolor. Dodaj pozostałe składniki, zagotuj, przykryj i gotuj na wolnym ogniu przez około 45 minut, następnie obróć mięso, dodając jeszcze trochę wody i sosu sojowego, jeśli mięso wysycha. Dusić jeszcze 45 minut, aż mięso będzie miękkie. Przed podaniem wyrzuć anyż gwiazdkowaty.

Wołowina Ze Szparagami

Dla 4 osób

450 g wołowiny z wierzchu, pokrojonej w kostkę
30 ml / 2 łyżki sosu sojowego
30ml / 2 łyżki wina ryżowego lub wytrawnego sherry
45 ml / 3 łyżki mąki kukurydzianej (skrobia kukurydziana)
45 ml / 3 łyżki oleju arachidowego
5 ml / 1 łyżeczka soli
1 ząbek czosnku, rozgnieciony
350 g końcówek szparagów
120 ml / 4 fl oz / ¬Ω szklanki bulionu z kurczaka
15 ml / 1 łyżka sosu sojowego

Umieść stek w misce. Wymieszaj sos sojowy, wino lub sherry i 30 ml/2 łyżki mąki kukurydzianej, polej stek i dobrze wymieszaj. Pozostaw do marynowania na 30 minut. Rozgrzej olej z solą i czosnkiem i smaż, aż czosnek się lekko zrumieni. Dodać wołowinę i marynatę i smażyć mieszając przez 4 minuty. Dodać szparagi i smażyć mieszając przez 2 minuty. Dodaj bulion i sos sojowy, zagotuj i gotuj na wolnym ogniu mieszając przez 3 minuty, aż mięso będzie ugotowane. Wymieszaj pozostałą mąkę kukurydzianą z odrobiną wody lub bulionu i wymieszaj z sosem.

Dusić, mieszając, przez kilka minut, aż sos stanie się klarowny i zgęstnieje.

Wołowina Z Pędami Bambusa

Dla 4 osób

45 ml / 3 łyżki oleju arachidowego

1 ząbek czosnku, rozgnieciony

1 dymka (szalotka), posiekana

1 plasterek korzenia imbiru, posiekany

225 g chudej wołowiny, pokrojonej w paski

100 g pędów bambusa

45 ml / 3 łyżki sosu sojowego

15 ml / 1 łyżka wina ryżowego lub wytrawnego sherry

5 ml / 1 łyżeczka mąki kukurydzianej (skrobi kukurydzianej)

Rozgrzej olej i podsmaż czosnek, cebulę dymkę i imbir, aż się lekko zrumienią. Dodać wołowinę i smażyć mieszając przez 4 minuty, aż lekko się zrumieni. Dodać pędy bambusa i smażyć mieszając przez 3 minuty. Dodać sos sojowy, wino lub sherry oraz mąkę kukurydzianą i smażyć mieszając przez 4 minuty.

Wołowina z pędami bambusa i grzybami

Dla 4 osób

225 g chudej wołowiny
45 ml / 3 łyżki oleju arachidowego
1 plasterek korzenia imbiru, posiekany
100 g pędów bambusa, pokrojonych w plasterki
100 g pieczarek pokrojonych w plasterki
45ml / 3 łyżki wina ryżowego lub wytrawnego sherry
5 ml / 1 łyżeczka cukru
10 ml / 2 łyżeczki sosu sojowego
sól i pieprz
120 ml / 4 fl oz / ¬Ω szklanki bulionu wołowego
15 ml / 1 łyżka mąki kukurydzianej (skrobi kukurydzianej)
30 ml / 2 łyżki wody

Mięso cienko pokroić w poprzek włókien. Rozgrzej olej i smaż imbir przez kilka sekund. Dodać wołowinę i smażyć mieszając, aż się zrumieni. Dodać pędy bambusa i grzyby i smażyć mieszając przez 1 minutę. Dodaj wino lub sherry, cukier i sos sojowy, dopraw solą i pieprzem. Wlać bulion, doprowadzić do wrzenia, przykryć i gotować na wolnym ogniu przez 3 minuty. Wymieszaj mąkę kukurydzianą i wodę, wlej do garnka i gotuj, mieszając, aż sos zgęstnieje.

Chińska duszona wołowina

Dla 4 osób

45 ml / 3 łyżki oleju arachidowego
900g / 2lb stek z karkówki
1 dymka (szalotka), pokrojona w plasterki
1 ząbek czosnku, posiekany
1 plasterek korzenia imbiru, posiekany
60 ml / 4 łyżki sosu sojowego
30ml / 2 łyżki wina ryżowego lub wytrawnego sherry
5 ml / 1 łyżeczka cukru
5 ml / 1 łyżeczka soli
szczypta pieprzu
750 ml / 1 punkt / 3 szklanki wrzącej wody

Rozgrzej olej i szybko obsmaż mięso ze wszystkich stron. Dodaj dymkę, czosnek, imbir, sos sojowy, wino lub sherry, cukier, sól i pieprz. Mieszając doprowadzić do wrzenia. Dodać wrzącą wodę, ponownie doprowadzić do wrzenia, mieszając, następnie przykryć i gotować na wolnym ogniu przez około 2 godziny, aż mięso będzie miękkie.

Wołowina z kiełkami fasoli

Dla 4 osób

450g chudej wołowiny, pokrojonej w plastry

1 białko jajka

30 ml / 2 łyżki oleju arachidowego

15 ml / 1 łyżka mąki kukurydzianej (skrobi kukurydzianej)

15 ml / 1 łyżka sosu sojowego

100 g kiełków fasoli

25 g kapusty kiszonej, poszatkowanej

1 czerwona papryka, posiekana

2 dymki (szalotka), posiekane

2 plasterki korzenia imbiru, posiekane

sól

5 ml / 1 łyżeczka sosu ostrygowego

5 ml / 1 łyżeczka oleju sezamowego

Wymieszać wołowinę z białkiem, połową oleju, skrobią kukurydzianą i sosem sojowym i odstawić na 30 minut. Blanszuj kiełki fasoli we wrzącej wodzie przez około 8 minut, aż będą prawie miękkie, a następnie odcedź. Rozgrzej pozostały olej i smaż wołowinę, mieszając, aż się lekko zrumieni, a następnie zdejmij z patelni. Dodać kapustę, czerwoną paprykę, imbir, sól, sos ostrygowy i olej sezamowy i smażyć mieszając przez 2 minuty. Dodać kiełki fasoli i smażyć mieszając przez 2 minuty. Umieść wołowinę z powrotem na patelni i smaż, mieszając, aż dobrze się wymiesza i podgrzeje. Natychmiast podawaj.

Wołowina z brokułami

Dla 4 osób

450 g / 1 lb rumsztyku, cienko pokrojony
30 ml / 2 łyżki mąki kukurydzianej (skrobia kukurydziana)
15 ml / 1 łyżka wina ryżowego lub wytrawnego sherry
15 ml / 1 łyżka sosu sojowego
30 ml / 2 łyżki oleju arachidowego
5 ml / 1 łyżeczka soli
1 ząbek czosnku, rozgnieciony
225 g różyczek brokuła
150 ml / ¬° pt / hojny ¬Ω kubek bulionu wołowego

Umieść stek w misce. Zmieszaj 15 ml / 1 łyżkę mąki kukurydzianej z winem lub sherry i sosem sojowym, wymieszaj wołowinę i pozostaw do zamarynowania na 30 minut. Rozgrzej olej z solą i czosnkiem i smaż, aż czosnek się lekko zrumieni. Dodać stek i marynatę i smażyć mieszając przez 4 minuty. Dodać brokuły i smażyć mieszając przez 3 minuty. Dodaj bulion, zagotuj, przykryj i gotuj na wolnym ogniu przez 5 minut, aż brokuły będą miękkie, ale nadal chrupiące. Pozostałą mąkę kukurydzianą wymieszać z odrobiną wody i dodać do sosu. Dusić, mieszając, aż sos się wyklaruje i zgęstnieje.

Sezamowa Wołowina Z Brokułami

Dla 4 osób

150 g chudej wołowiny, cienko pokrojonej
2,5 ml / ¬Ω łyżeczki sosu ostrygowego
5 ml / 1 łyżeczka mąki kukurydzianej (skrobi kukurydzianej)
5 ml / 1 łyżeczka białego octu winnego
60 ml / 4 łyżki oleju arachidowego
100 g różyczek brokuła
5 ml / 1 łyżeczka sosu rybnego
2,5 ml / ¬Ω łyżeczki sosu sojowego
250 ml / 8 uncji / 1 szklanka bulionu wołowego
30 ml / 2 łyżki sezamu

Marynuj mięso w sosie ostrygowym, 2,5 ml/łyżkę mąki kukurydzianej, 2,5 ml/łyżkę octu winnego i 15 ml/1 łyżkę oleju przez 1 godzinę.

W międzyczasie podgrzać 15 ml / 1 łyżkę oleju, dodać brokuły, 2,5 ml / ¬Ω sosu rybnego, sos sojowy i pozostały ocet winny i zalać wrzątkiem. Dusić około 10 minut do miękkości.

Na osobnej patelni rozgrzej 30 ml/2 łyżki oleju i krótko podsmaż wołowinę, aż dobrze się zapiecze. Dodaj bulion, pozostałą mąkę kukurydzianą i sos rybny, zagotuj, przykryj i gotuj na wolnym ogniu przez około 10 minut, aż mięso będzie miękkie. Odcedź brokuły i ułóż je na ciepłym talerzu. Posyp mięsem i obficie posyp sezamem.

Grillowana wołowina

Dla 4 osób

450 g chudego steku, pokrojonego w plastry

60 ml / 4 łyżki sosu sojowego

2 ząbki czosnku, zmiażdżone

5 ml / 1 łyżeczka soli

2,5 ml / ¬Ω łyżeczki świeżo zmielonego pieprzu

10 ml / 2 łyżeczki cukru

Wymieszaj wszystkie składniki i pozostaw do zamarynowania na 3 godziny. Grilluj lub grilluj (grill) na gorącym grillu przez około 5 minut z każdej strony.

www.ingramcontent.com/pod-product-compliance
Lightning Source LLC
Chambersburg PA
CBHW071432080526
44587CB00014B/1806